第1部
まんが丹後王国物語

作　伴《ばん》　とし子
画　みさき明良《あきら》

今から一三〇〇年前の七一三年に「丹後」という国が誕生しました。この物語はそれよりも前の卑弥呼《ひみこ》の時代から始まります。

丹後地域に伝わる数々の伝承や文献、遺跡などから、丹後に卑弥呼《ひみこ》がいたかも知れないと考えられるのです。その鍵を握るのは、籠《この》神社（宮津市）所蔵の日本最古の竪系図『海部《あまべ》氏《し》系《けい》図《ず》』です。これには古代史の謎を解き明かすヒントが秘められています。

そして、『古事記』『日本書紀』には丹後の姫たちが、皇后や妃になったことが書かれています。それらを読み解くことで、丹後国誕生の壮大な物語が見えてきました。

さらに数多くの古墳や出土品から、大陸との交流を持ち、古代日本の表玄関として栄えた豊かな国があったことがわかります。

まずはこのページを開いて、古代丹後の世界にタイムスリップしてみましょう。

伴　とし子

伴　とし子
京丹後市出身の古代史研究家
著書『古代丹後王国は、あった』（東京経済）
『前ヤマトを創った大丹波王国』（新人物往来社）
『ヤマト政権誕生と大丹波王国』（新人物往来社）
『応神と仁徳に隠された海人族の真相』（新人物往来社）ほか

これが金印…
親魏倭王《しんぎわおう》の金印なのか
邪馬台国《やまたいこく》女王 ヒミコ
これで朝鮮半島とも争わなくてすむ
このすばらしいわが倭国《わこく》邪馬台国《やまたいこく》も守れる
美しく豊かな自然
広大な海と緑きらめく山々風が歌う野
海の幸《さち》山の幸《さち》が豊富《ほうふ》だ

卑弥呼《ひみこ》

古代日本の邪馬台国《やまたいこく》を治めた女王といわれる女性で、古代中国の西晋《せいしん》の学者・陳寿《ちんじゅ》が著《あらわ》した『三国志』の中の「魏書《ぎしょ》」東夷伝倭人《とういでんわじん》条に記されている。倭人《わじん》と倭国《わこく》についてふれているため、この条のことを『魏志倭人伝《ぎしわじんでん》』と呼ぶ。

倭国《わこく》には邪馬台国《やまたいこく》があり、「一女子をたてて王となす。名付けて卑弥呼《ひみこ》という」とあるが、邪馬台《やまたい》国《こく》が日本のどこであるか、また卑《ひ》弥呼《みこ》は誰だったのか、謎が多く、さまざまな議論を呼んでいる。ただ、『古事記』や『日本書紀』ではほとんどふれられていない。

卑弥呼《ひみこ》の生年は不明だが、正始《せいし》八（二四八）年頃死亡と考えられる。年齢は不詳ながら「年は長大である」とされることから、長寿だったと思われる。

また、卑弥呼《ひみこ》は景初二（二三八）年（景初三年の説あり）ごろ魏《ぎ》に遣《つか》いを送り、魏《ぎ》の皇帝から「親魏倭王《しんぎわおう》」の称号と金印紫綬《しじゅ》が与えられたという。このときの金印はいまだ見つかっていないが、西暦五七年に後漢の光武帝《こうぶてい》から「奴《な》の国王」に授けられた金印が九州から出土している。卑弥呼《ひみこ》にも、これと同じような金印が授けられたのではないかといわれている。

この海の向こうにある大陸とは
交易《こうえき》も盛《さか》んだ
この地に住む者は
海外から渡《わた》り来た人々を暖《あたた》かく迎《むか》える
精密《せいみつ》な仕事ができる
技術者もいる
民は皆
よく働き　よく笑い
心が穏《おだ》やかで美しい
そして何より
我らが海人族《あまぞく》はすばらしい
魚を獲《と》り
船を造《つく》り
塩も造《つく》る
航海術《こうかいじゅつ》も巧《たく》みだ

海人族《あまぞく》

周囲を海に囲まれた日本では、早くから大陸と交流し、いち早く文化や技術を取り入れた国が栄えていた。そんななかで活躍したのが、「海人族《あまぞく》」である。海人族《あまぞく》は全国各地にいたと想像され、海部《あまべ》郷《ごう》に住んでいたとされる。古代海部《あまべ》郷《ごう》は全国に一七ヶ所あるが、丹後半島とその周辺に三ヶ所（熊野郡海部郷《あまごう》（京丹後市久美浜町）、加佐郡凡海郷《おおしあまごう》、福井県坂井郡海部《あま》郷《ごう》）ある。

また、新羅《しらぎ》の王子アメノヒボコの渡来した伝承が各地に残り、国際的に交流があったことを示している。京丹後市の志布比《しぶひ》神社の社伝によるとアメノヒボコが箱石《はこいし》浜に上陸したと伝えられている。

宮津市籠《この》神社が所蔵する『海部《あまべ》氏勘注系図《しかんちゅうけいず》』には、新羅国《しらぎこく》を攻める際に、丹波、但馬、若狭の海人《あま》三〇〇人を率いて水主《かこ》として奉仕したと記されていることから、丹後地方には巨大な海人《あま》集団があったことがうかがえる。

天文《てんもん》を読み
他国の言葉も話し
戦《いくさ》となれば
強力な水軍となる
たくましいリーダーシップと
助け合う和《わ》の心
それは海に生きる者の
鉄則《てっそく》だ
私に託《たく》された使命《しめい》とは
神の声に耳を澄《す》まし
その声を皆に伝え
平和な国を造《つく》ることだ
倭国《わこく》全体を巻《ま》き込《こ》んだ
あの大乱《たいらん》
疲《つか》れ果てた
小さなクニの長たちは
私の祈りの声を求め
この国に集結《しゅうけつ》した
私は巫女王《みこおう》
大きな倭《わ》の国の女王
これからも この国の
永遠《えいえん》の平和と繁栄《はんえい》を
祈り続けよう

倭国《わこく》大乱

古代日本は、各地に小さな国がいくつもあり、それぞれに王がいたと考えられている。『魏志倭人伝《ぎしわじんでん》』にも「邪馬台国《やまたいこく》」「投馬国《とうまこく》」「奴国《なこく》」「狗奴国《くなこく》」など多くの国の名が出てくる。

中国のいくつかの歴史書によると、倭国《わこく》（日本）には一〇〇余国あり、男性の王が治めていたが、一七八～一八四年ごろ（史書によって年代は異なる）、国同士が争う大乱が起こったとある。なかなか争いが収まらないため、各地の王は卑弥呼《ひみこ》の力を頼り女王として共立したという。

このころ国の統治者に求められるのは、財力や政治力だけではなく、神の声を聴く宗教的な力だったようだ。卑弥呼《ひみこ》の持つ霊力を見込んでのことだったのだろう。

1話

女王ヒミコとトヨ

この美しい朝日は
我が国のすばらしい未来を
約束してくれる
いつ見ても
丹後(タニハ)の海は美しい――

登場人物

ヒミコ（卑弥呼《ひみこ》）：邪馬台国《やまたいこく》の女王。『魏志倭人伝《ぎしわじんでん》』によると「鬼道《きどう》に仕《つか》え…」とある。鬼道《きどう》とは宗教的な祭祀《さいし》のことで、巫《み》女《こ》的な働きをしたと思われる。二四八年頃に死亡。

トヨ：台与《とよ》。卑弥呼《ひみこ》が亡くなったあと、一三歳で女王に就任。卑《ひ》弥《み》呼《こ》の死後、国内は再び争いが起こり一〇〇〇人余りが死亡するが、トヨが女王になって国内は平安を取り戻した。

なお、トヨは、『魏志倭人伝《ぎしわじんでん》』に、「卑弥呼《ひみこ》の宗女壱與《そうじょとよ》」と書かれた人物。「トヨ」と「イヨ」と読む二つの説があるが、『梁書《りょうじょ》』『北史《ほくし》』には「臺與《とよ》」と記されている。「臺與《とよ》」は常用漢字では「台与《とよ》」と書くため、ここでは「トヨ」説をとる。

※「丹後」という国は、それまでの丹波が七一三年に分割されてできた国である。古代では現在の丹波と丹後を合わせた土地を「丹波」（旦波、タニハ、たにわ）と呼んでいたが、ここでは場所を明らかにするために「丹後（タニハ）」としている。

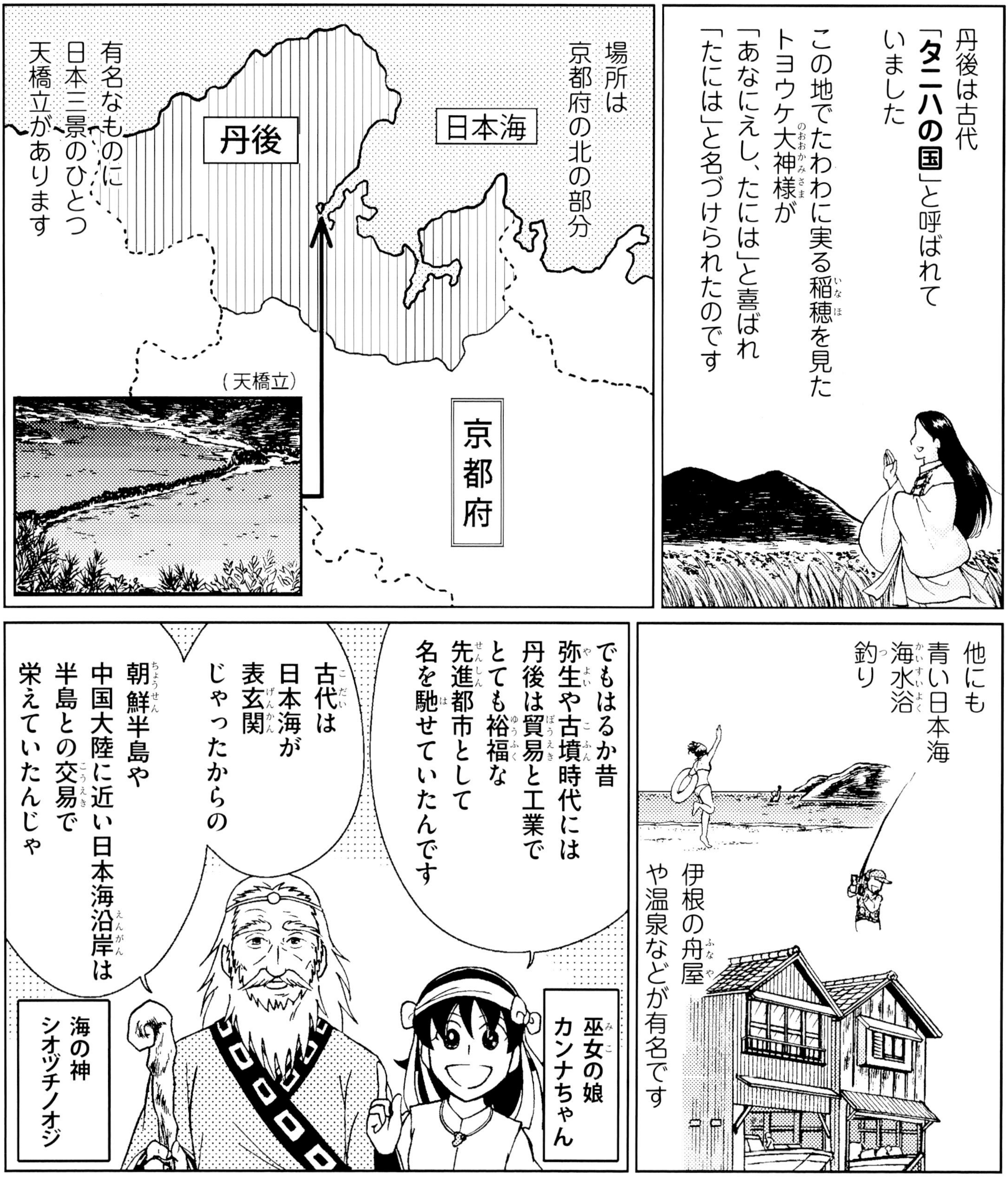
丹後は古代「タニハの国」と呼ばれていました
この地でたわわに実る稲穂《いなほ》を見たトヨウケ大神様《のおおかみさま》が「あなにえし、たには」と喜ばれ「たには」と名づけられたのです
場所は京都府の北の部分
日本海
丹後
京都府
（天橋立）
有名なものに日本三景のひとつ天橋立があります
他にも青い日本海 海水浴《かいすいよく》 釣《つ》り
伊根の舟屋《ふなや》や温泉などが有名です
でもはるか昔 弥生《やよい》や古墳《こふん》時代には丹後は貿易《ぼうえき》と工業でとても裕福《ゆうふく》な先進《せんしん》都市として名を馳《は》せていたんです
古代《こだい》は日本海が表玄関《げんかん》じゃったからの
朝鮮《ちょうせん》半島や中国大陸に近い日本海沿岸《えんがん》は半島との交易《こうえき》で栄えていたんじゃ
巫女《みこ》の娘 カンナちゃん
海の神 シオヅチノオジ

丹波《たには》

たには（丹波）の語源は古く、『丹後風土記《ふどき》』残欠《ざんけつ》には、「当国は往昔、天火明神《あめのほあかり》等の降臨の地である。丹後国は、元は丹波国と合して一国であったが、元明《げんめい》天皇の御代（七一三年）に丹波国の五郡を割いて丹後国を置いた。丹波としたわけは、豊受大神《とようけのおおかみ》が伊去奈子嶽《いざなごだけ》に天降られた時に、天道日女命《あめのみちひめのみこと》等が大神に五穀《ごこく》、および桑蚕《くわご》等の種を求められた。そこで、豊受大神《とようけのおおかみ》はこの嶽に真名井《まない》を掘り、その水をそそいで田畑をつくり、種を植えられた。秋には八握りもある穂がたれて、実に快かった。これを見て大変喜ばれた豊受大神《とようけのおおかみ》は、あなにえし田庭《たにわ》（立派に実った良い田庭《たにわ》）であるとおっしゃられ、田庭《たにわ》というようになった」とある。天火明神《あめのほあかり》とは天孫降臨した邇邇芸命《ににぎのみこと》の兄神で、籠《この》神社宮司家の始祖にあたる。天道日女命《あめのみちひめのみこと》は天火明《あめのほあかり》神の后《きさき》である。

〈案内人〉

カンナちゃん…巫女《みこ》の血を引く少女。かんなの名前の由来は、巫《み》女《こ》として神託《しんたく》を受け、民衆に伝える者を「かんなぎ」ということから。

シオヅチノオジ…塩土《しおつち》の翁《おきな》。海の神。

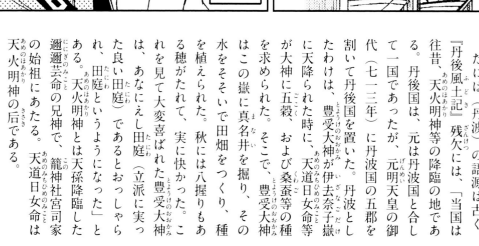

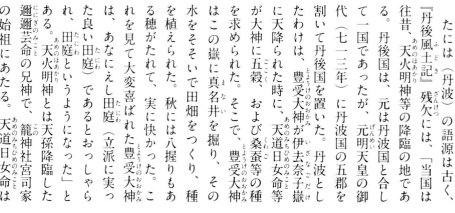

丹後の人は器用《きよう》でな
奈具岡遺跡《なぐおかいせき》(京丹後市《きょうたんご》)には
日本最古で最大の
水晶工房《すいしょうこうぼう》があり
精密《せいみつ》な技法《ぎほう》で
美しい玉類《ぎょくるい》を作っていた
それらを海外に
輸出《ゆしゅつ》して
かわりに鉄素材《そざい》を
輸入《ゆにゅう》していたんですね
最先端《さいせんたん》のアクセサリーは
他国でも憧《あこが》れだったろうなあ
鉄は輸入《ゆにゅう》される
だけでなく、丹後でも
たくさん出ていた
砂鉄《さてつ》が
採《と》れたんじゃ
たとえば
大風呂墳墓《おおぶろふんぼ》からは
ひとつのお墓《はか》から
11本もの鉄剣《てっけん》が
出てきた
鉄が貴重《きちょう》な時代に
鉄製《せい》の剣を
こんなに多く
お墓《はか》に入れる国は
他になかった
墓《はか》に入れると
剣は
二度と使え
なくなる
のじゃからな
つまりそれだけ
丹後は鉄が
豊富《ほうふ》で
国力があったと
いう証拠《しょうこ》じゃ
じゃ、大和《やまと》は?
弥生後期《やよいこうき》の
大和《やまと》の墓《はか》には
そうしたものが
入っておらん
弥生後期《やよいこうき》といえば
ヒミコが活躍《かつやく》した時代
その時 たくさんの鉄、ガラス
玉類《ぎょくるい》という見事な副葬品《ふくそうひん》を
もっていたのが丹後の王墓《おうぼ》
だから大和《やまと》は
丹後王国が栄えた後に
丹後の海人族《あまぞく》が
開拓《かいたく》した土地なんじゃ
これは
丹後の籠《この》神社様にある
国宝『海部氏系図《あまべしけいず》』と
『海部氏勘注系図《あまべしかんちゅうけいず》』から
わかる
(籠神社)

弥生《やよい》時代

弥生《やよい》時代後期は、紀元二〜三世紀初頭ごろ。その後、古墳時代に入る。

当時の丹後は鉄製品や水晶玉の生産量が多かった。左坂《ささか》墳墓群(京丹後市大宮町)や三坂《みさか》神社墳墓群(京丹後市大宮町)からは、大量の水晶玉、ガラスの勾玉《まがたま》や管《かん》玉《ぎょく》、鉄剣や鉄製品が出土。中国大陸製と思われる素環頭《そかんとう》鉄刀も見つかり、この土地の王の墓ではないかと考えられる。

ガラス釧《くしろ》や多量の鉄剣が出土した大風呂《おおぶろ》南一号墓や、勾玉、管《かん》玉《ぎょく》で飾られた冠が出土した赤坂今井墳丘墓から、丹後の弥生《やよい》後期の繁栄がわかる。

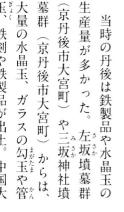

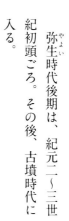

丹後一の宮の籠《この》神社に残る『海部氏系図《あまべしけいず》』には一族の秘《ひ》められた忍耐《にんたい》の歴史がこめられている
あの水戸黄門《こう》様でさえ「見たい」と言っても丁寧《ていねい》に断られたというエピソードがあるくらい大事なものですよね
申し訳ありませんご神体《しんたい》ですので…
がっくり
系図《けいず》には古代《こだい》の丹後がいかに力をもっていたのかということを
また海部氏《あまべし》の四代目ヤマトスクネ様は丹後で生まれ大和《やまと》へ行かれたことが書かれています
丹後海人族《あまぞく》は丹後で建国し次に内陸部である大和《やまと》にも建国した
後の大和《やまと》朝廷の基礎《きそ》を作ったと言われておる
『古事記《こじき》』に出てくる神武《じんむ》天皇を水先《みずさき》案内した海人族《あまぞく》は、亀《かめ》の背に乗り釣《つ》りしつつと書いてある
まるで浦嶋太郎《うらしま》ですね
浦嶋《うらしま》といえば丹後まさしくあれが丹後海人族《あまぞく》の姿じゃよ

ヤマトスクネ

ヤマトスクネ（倭宿祢命《やまとすくねのみこと》）は丹後で生まれた。籠《この》神社の『海部《あまべ》氏勘注系図《しかんちゅうけいず》』には、海部《あまべ》氏は彦《ひこ》火《ほ》明命《あかりのみこと》を祖神《そしん》として、第三世《だいさんせい》孫《そん》に倭宿祢命《やまとすくねのみこと》と書かれており、海《あま》部《べ》氏の四代目であることがわかる。さらに勘注系図《かんちゅうけいず》には、「倭宿《やまとすく》祢命《ねのみこと》は大和の国に遷座《せんざ》の時、白《しら》雲《くものわけのかみ》別神の女《むすめ》・豊水富命《とよみとみのみこと》を娶《めと》り、笠水彦命《うけみずひこのみこと》を生む」とあり、丹波からヤマトに入ったということが書かれている。

これからも丹後王国の勢力が大和に入り、大きな影響を与えたことがわかる。丹後王国（＝大丹波王国）の勢力のヤマト入りを表している。

『古事記』神武天皇の条には、神武天皇は速吸門《はやすいもん》（明石海峡）で亀の背に乗って釣りをしている人に出会い、その人の先導で大和に無事に入れたことが記されている。その先導者は倭国造《やまとのこくぞう》等の祖とある。

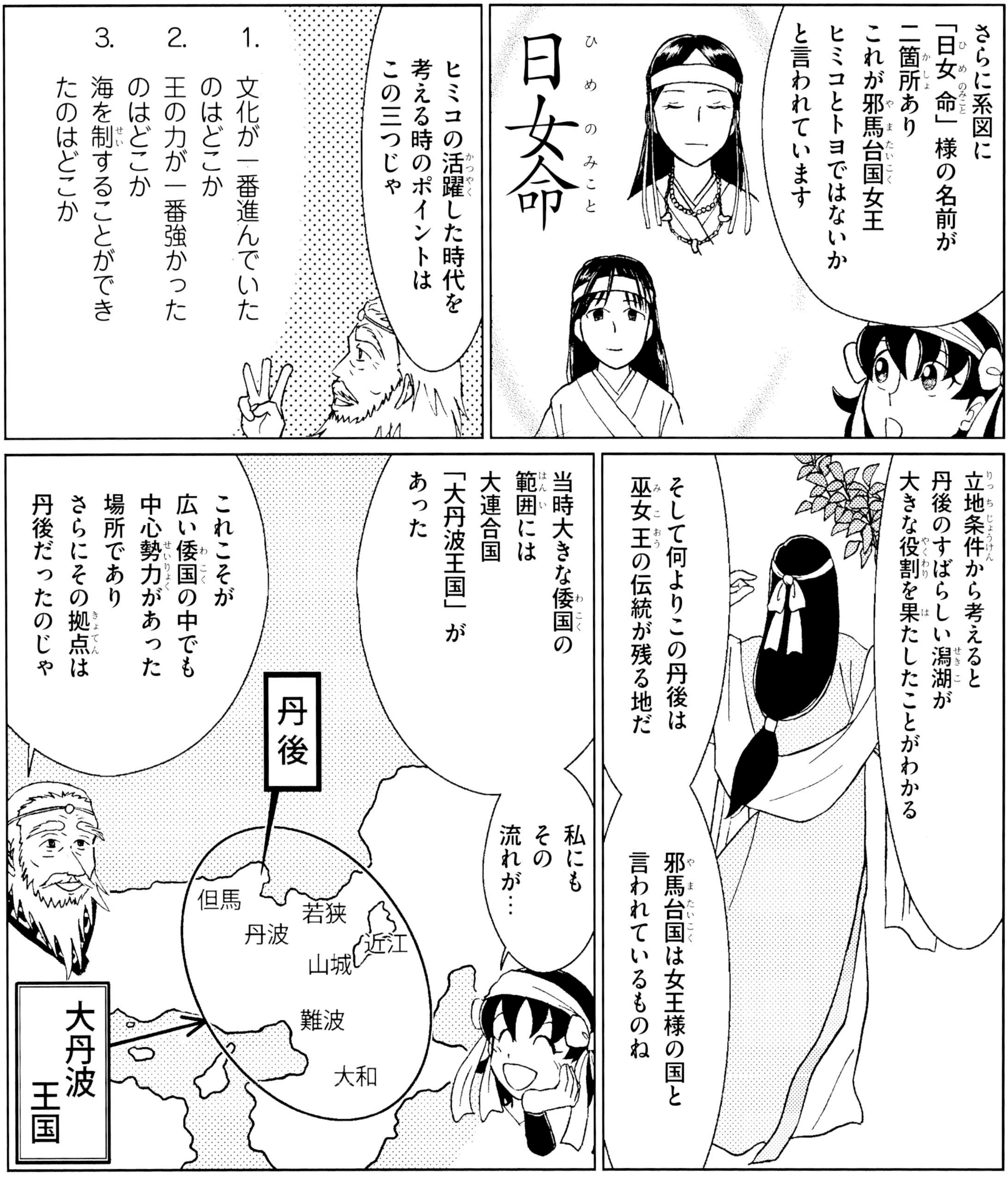
さらに系図に「日女命《ひめのみこと》」様の名前が二箇所《かしょ》あり
これが邪馬台国《やまたいこく》女王ヒミコとトヨではないかと言われています
日女命《ひめのみこと》
ヒミコの活躍《かつやく》した時代を考える時のポイントはこの三つじゃ
1. 文化が一番進んでいたのはどこか
2. 王の力が一番強かったのはどこか
3. 海を制《せい》することができたのはどこか
立地条件《りっちじょうけん》から考えると丹後のすばらしい潟湖《せきこ》が大きな役割《やくわり》を果《は》たしたことがわかる
そして何よりこの丹後は巫女王《みこおう》の伝統が残る地だ
邪馬台国《やまたいこく》は女王様の国と言われているものね
当時大きな倭国《わこく》の範囲《はんい》には大連合国「大丹波王国」があった
私にもその流れが…
これこそが広い倭国《わこく》の中でも中心勢力《せいりょく》があった場所でありさらにその拠点《きょてん》は丹後だったのじゃ
丹後
但馬
丹波
若狭
近江
山城
難波
大和
大丹波王国

海部氏勘注系図《あまべしかんちゅうけいず》

『海部氏勘注系図《あまべしかんちゅうけいず》』には、「日女命《ひめのみこと》」という名がふたつある。

ひとつは九世孫《せいそん》に、「意富那比命《おほなびのみこと》」の妹として「日女命《ひめのみこと》」とあり、またの名を「倭迹々日百襲姫命《やまとととひももそひめのみこと》」「一云う、千々速日女命《ちちはやひめのみこと》」「日神《ひのかみ》」などとある。これが卑弥呼《ひみこ》ではないかとされている。

もうひとつは一一世孫《せいそん》「小登與命」の妹として「日女命《ひめのみこと》」がある。またの名を「稚日女命《わかひるめのみこと》」「小豊姫命《おとよひめのみこと》」「豊秋津姫命《とよあきつひめのみこと》」「玉依姫命《たまよりひめのみこと》」などと記されている。

大丹波王国は、丹後、丹波、但馬を中心に、若狭、山城、近江、難波、大和までおよび、またその周辺まで勢力をもっていたと考えられる。

『海部氏勘注系図《あまべしかんちゅうけいず》』によれば、一四世孫《せいそん》の川上真稚命は、「一云う、道主命」、「大難波宿祢」とある。丹波、難波（摂津、河内方面）、大和と広く往来していたと考えられる。

倭国《わこく》の中心勢力《せいりょく》があったところが邪馬台国《やまたいこく》といわれているがヒミコが活躍《かつやく》した時代に一番力をもっていたのが丹後、このタニハの国…
当時の東アジア
高句麗
魏
馬韓
辰韓
弁韓
丹後
倭
丹後には天が与えてくれた見事な海がある
熊野《くまの》の浜　竹野《たかの》の浜　天橋立がある久志備《くしび》の浜
これらの良港《りょうこう》こそが大陸からの文物《ぶんぶつ》を運び入れる窓口じゃった
これらのことからわかるように当時の丹後はどこにも負けない際立《きわだ》った王国であり文化の中心だったんじゃ
ということは邪馬台国《やまたいこく》　あるいはその一角は丹後だった可能性があるのね
そうじゃ　海の力は大きいぞ　徐福《じょふく》が来たという伝承《でんしょう》も残っておる
この海は世界につながっている　いずれ丹後についてもっとすごいこともわかる時が来よう

邪馬台国《やまたいこく》

倭国《わこく》にはいくつかの小国があり、邪馬台国《やまたいこく》もそのひとつだった。卑弥呼《ひみこ》は邪馬台国《やまたいこく》の王でもあると同時に、倭国《わこく》を治める女王でもあったと考えられている。

二四三年
タニハの海辺
こんどは
あの雲よ
見てて
うわあ――っ
今度は
あっちの雲を
龍《りゅう》の形にするわ
すげえっ
龍《りゅう》だ!
雲の龍《りゅう》だ!!
フフフ
じゃあ次は…

大陸との交易

当時の中国は魏《ぎ》王朝、朝鮮半島は高句麗《こうくり》と馬韓《ばかん》・辰韓《しんかん》・弁韓《べんかん》の三《さん》韓《かん》時代であった。なかでも魏は高《こう》句麗《くり》に攻め入るなど、勢力を伸ばしていた。

丹後は多くの遺跡から、これら東アジア諸国と交易をしていたと思われる。

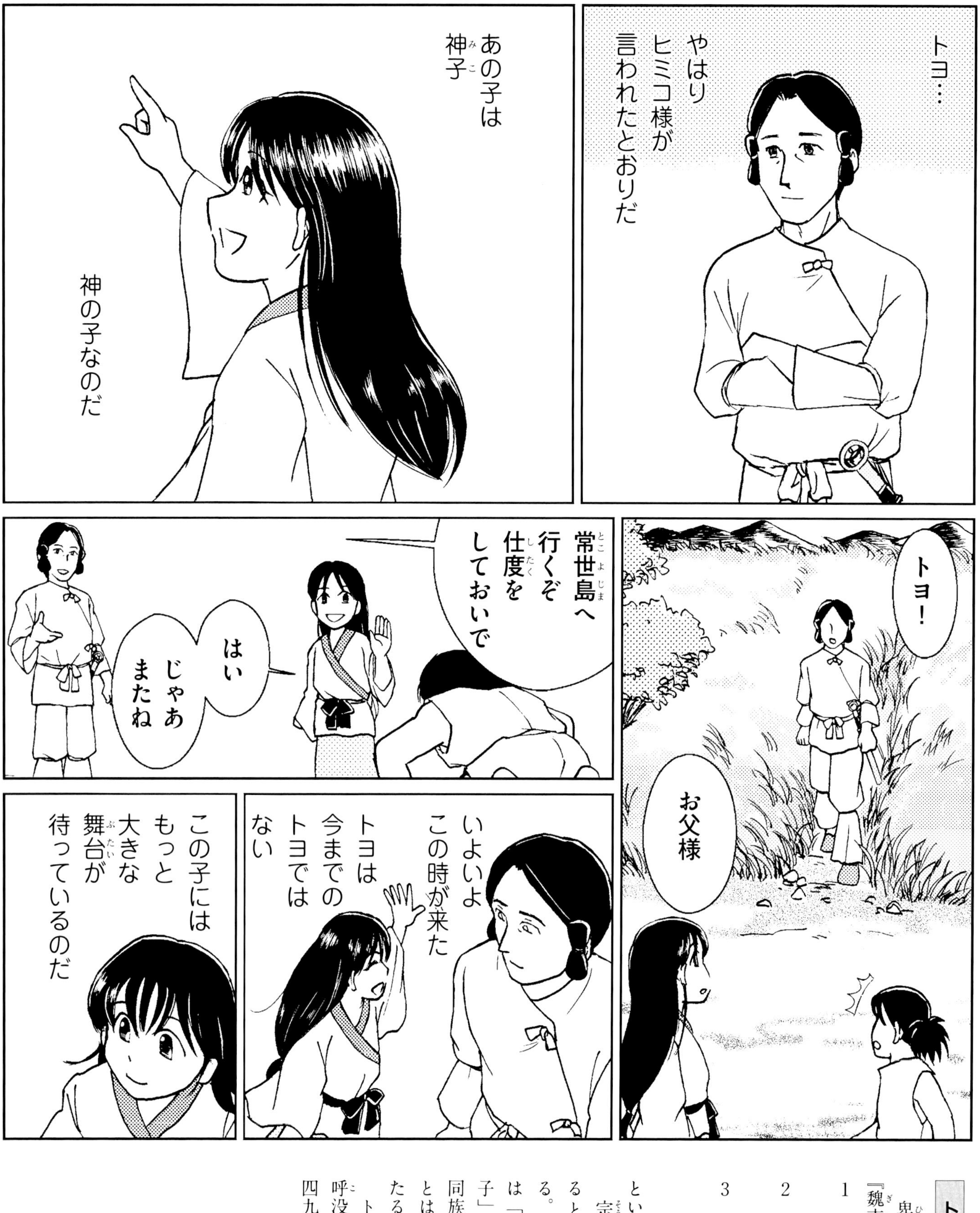
トヨ…
やはりヒミコ様が言われたとおりだ
あの子は神子《みこ》
神の子なのだ
トヨ！
お父様
常世島《とこよじま》へ行くぞ仕度《したく》をしておいで
はい じゃあまたね
いよいよこの時が来た
トヨは今までのトヨではない
この子にはもっと大きな舞台《ぶたい》が待っているのだ

トヨ

卑弥呼《ひみこ》の後継者トヨについて『魏志倭人伝《ぎしわじんでん》』には、

1　トヨは卑弥呼《ひみこ》の宗女《そうじょ》であること

2　卑弥呼《ひみこ》が死んだのが、二四八年頃（推定）

3　その後、男王が立ったが治まらなかったので、一三歳のトヨが女王になって治まった

ということが書かれている。

宗女《そうじょ》とは『大漢和辞典』によると、「同宗の女。王女」とある。「宗族」を「父の一族」または「一族」とあることから、「宗子」は「本家を嗣ぐ子、嫡長子、同族の子」となる。つまり、宗女《そうじょ》とは、祭祀《さいし》を継承した本家筋に当たる女性を言うのであろう。

トヨが女王になったのは、卑弥呼《ひみこ》没後であることを考えると、二四九年（推定）となる。

紀元《きげん》前一世紀頃
倭国《わこく》には
百余《よ》国が郡立《ぐんりつ》
倭《わ》の国王は
後漢《ごかん》(当時の中国)の
王に貢《みつ》ぎ物を送り
金印を授《さず》かるなど
海外の国と交流《こうりゅう》を
深める一方で
国内は次第《しだい》に乱《みだ》れ
覇権《はけん》をめぐって
大乱《たいらん》が絶《た》えなかった
そんな中
神のお告《つ》げを伝える
一人の女性が現れた
争いに疲れ果てた国々の王は
「この国を救うのは
ヒミコ様が伝える神託《しんたく》しかない」
と認め、女王にたてる
ことにした
ヒミコ様の力で
ようやく争乱が収まり、今は
魏《ぎ》(後漢《ごかん》の後に興《おこ》った中国の
王朝)と親交《しんこう》を深め
倭《わ》の国を治《おさ》められている——
ヒミコ様は
わが血脈《けつみゃく》の中で
最高の力を持たれた
すばらしいお方だ
生まれたばかりの
お前の瞳《ひとみ》を
見た時
こう言われた
のだよ
「この子は
天を極める
最高の星を抱いて
生まれた子です」

トヨの年齢は『魏志倭人伝《ぎしわじんでん》』の記録を参考に、卑弥呼《ひみこ》の死（二四八年）の翌年二四九年に一三歳で女王になったと比定し、それを基準にすると次のようになる。

（『魏志倭人伝《ぎしわじんでん》』等による）

二三六年　トヨ　誕生

二三九年　卑弥呼《ひみこ》、親魏倭王《しんぎわおう》の金印授かる　……トヨ　三歳

二四七年　倭《わ》の女王卑弥呼《ひみこ》は狗奴《くな》国《こく》の男王卑弥弓呼《ひみここ》と交戦　……トヨ　一一歳

二四八年　卑弥呼《ひみこ》死す。男王立つも治まらず　……トヨ　一二歳

二四九年　トヨ　一三歳で女王になる

二六六年　倭《わ》の女王、西晋《せいしん》に遣《つか》い貢ぐ　……トヨ　三〇歳

卑弥呼《ひみこ》の同族で祭祀《さいし》を引き継いだ王女トヨという女性は、倭《わ》の女王として君臨したことがわかる。

海外との交流

紀元前一世紀ごろの倭国《わこく》は、百余国が郡立していた。

一方、中国は武帝《ぶてい》が治める前漢が朝鮮を制圧、倭国《わこく》との交易の窓口となる楽浪郡《らくろうぐん》を設置した。やがて前漢は倒れ、西暦二五年に光武《こうぶ》帝《てい》が後漢を興す。五七年には、委（倭《わ》）の奴《な》国から後漢に朝貢《ちょうけん》をし、光武帝《こうぶてい》から印綬《いんじゅ》を賜っている。

また、一〇七年には倭《わ》の国王、帥升《すいしょう》等が生口《せいこう》一六〇人を献じ、請見を願った（生口《せいこう》とは貢物として人を遣わすこと）。

一七八～一八三年ころ、倭《わ》では覇権を争い、倭国《わこく》の大乱といわれる戦乱が絶えなかった。そこで卑弥呼《ひみこ》を女王としたところ、戦乱は鎮まった。

中国では一八四年に黄巾《こうきん》の乱を発端に中国全土に騒乱が広がる。二二〇年、後漢は滅び、魏《ぎ》、呉《ご》、蜀《しょく》の三国時代に突入。魏《ぎ》が覇権を得て、魏《ぎ》王朝が誕生する。

卑弥呼《ひみこ》は景初二（二三八）年（景初三年の説あり）に魏《ぎ》に遣いを送り、魏《ぎ》から「親魏倭王《しんぎわおう》」の称号と金印紫綬《きんいんしじゅ》、銅鏡などを授かる。

美しい海…
オオミズナギドリも気持ちよさそうに飛んでいるわ
うむ この海こそが宝なのだよ
わがタニハは異国との交易《こうえき》で豊になり強くなった
しかし一番大きな力は富や力ではないのだ
神に守られていること――これこそ最大の力
その神にお仕えし民の平和を守ること
それがお前に課《か》せられた大事な使命なのだ トヨ

常世島《とこよしま》（冠島《かんむりじま》）

常世島《とこよしま》とは、舞鶴市にある無人島で、通常冠島《かんむりじま》と呼ばれる。はるか昔、丹後半島を取り巻く若狭湾は陸地だったが、『丹後風土《ふど》記《き》』残欠《ざんけつ》によれば、大宝元年の大地震で海ができ、陸地の中でも標高が高い部分が島となった。それが冠島《かんむりじま》と沓島《くつじま》であるとされる。

冠島《かんむりじま》と沓島《くつじま》は、雄島《おしま》・雌島《めしま》、大島・小嶋などさまざまな呼び名があるが、それらをあわせて息《おき》津島《つしま》、また凡海息津島《おほしあまおきつしま》、また常世《とこよ》島《しま》といわれる。天火明命《あめのほあかりのみこと》＝彦《ひこ》火明命《ほあかりのみこと》が降臨したと伝えられる。『丹後風土記《ふどき》』残欠《ざんけつ》の「凡海郷《おほしあまのさと》」のところには、「むかし、大穴持《おおあなもち》の神と少彦名《すくなひこな》の神が、海のなかの小嶋を引き集めてひとつの大嶋にした」という伝説が残されている。

左が冠島《かんむりじま》、右は沓島《くつじま》。

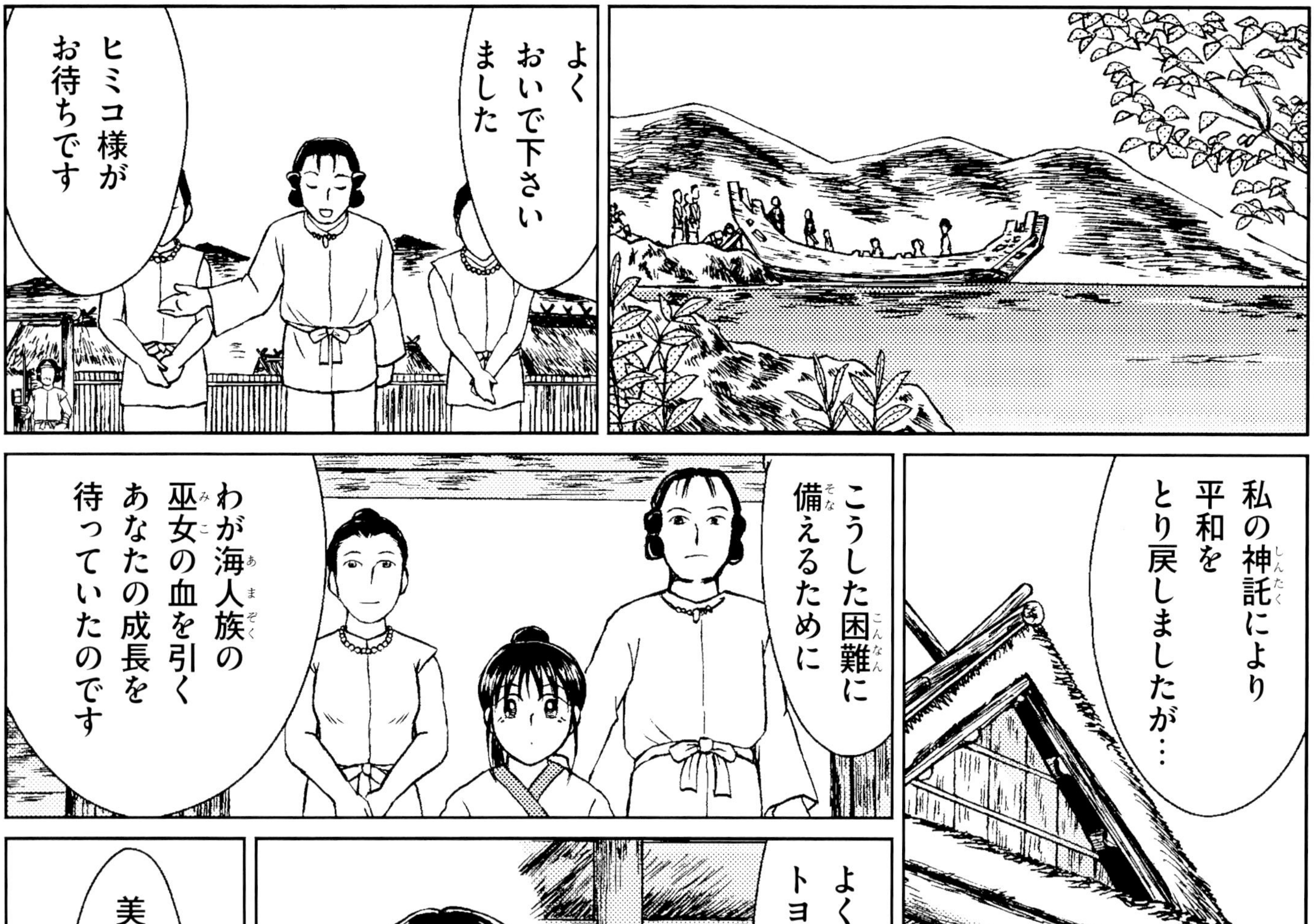
よく
おいで下さい
ました
ヒミコ様が
お待ちです
私の神託《しんたく》により
平和を
とり戻しましたが…
倭国《わこく》の富を狙《ねら》う
クナ国が密《ひそ》かに
わが国に戦いを挑《いど》もうと
しているのが見えます
こうした困難《こんなん》に
備《そな》えるために
わが海人族《あまぞく》の
巫女《みこ》の血を引く
あなたの成長を
待っていたのです
よく来てくれました
トヨ
この日を
待ちわびて
おりました
美しいお方…！

オオミズナギドリ

オオミズナギドリは、主に日本海沿岸に生息する鳥類で、舞鶴市の冠島《かんむりじま》は、一九二四年に初めてオオミズナギドリ繁殖地として国の天然記念物に指定された。なお、オオミズナギドリは「京都府の鳥」に指定されている。

古代貿易

当時の丹後は、海外との交流が盛んで、多くの人を受け入れ、技術なども取り入れていたと考えられる。さらに、高度な技術で造り出した水晶の玉などを輸出していた。その一方で、国内では希少な鉄資源などをふんだんに受け入れたことで、丹後は武力面でも交易でも国内の他国に負けない国となった。

わが海人族《あまぞく》が
祀《まつ》る神
トヨウケ大神《おおかみ》様は
食物の神、稲の神、
稲霊《いなだま》——
稲の生長に欠かせない
太陽や水の恵みをもたらす。
日の神、水の神でもあり
この世の総《すべ》ての
根源《こんげん》の神なのです
そして人の悪事も
水のように流して
再生と希望を
お与え下さいます
トヨウケ大神《おおかみ》様の
この優しさが
あるからこそ
倭国《わこく》の神として
皆を癒《いや》し
国を守ることが
できるのです
民に必要なのは
生きる糧《かて》
食物——
でも人は食べる
だけでは
生きていけません
私たちの身体は
宇宙の根源《こんげん》の神　トヨウケ大神《おおかみ》様が
お発し下さるエネルギーで守られ
生かしていただいているのです
！
どうか
しましたか？
いえ
民の苦しみ、
悲しみ、痛みを知り、
それを浄化すること
そのために
大きな愛を
送ること、祈ること
それが真《まこと》に生きる
ということなのです
だからトヨ
貴女《あなた》も——

不老長寿の国

『魏志倭人伝《ぎしわじんでん》』によると卑弥呼《ひみこ》は熟年であったと思われる。

丹後地方には不老長寿の伝承が数多くある。八百年も生きたという「八百比丘尼《はっぴゃくびくに》」（八百比丘尼《やおびくに》ともいう）の話で、丹後では「千年比丘《せんねんびく》」とも呼ばれている。

・宮津市の栗田《くんだ》半島の塔ヶ鼻には、八百比丘尼《はっぴゃくびくに》のいた庵《いおり》跡がある

・京丹後市久美浜町葛野《かづらの》の岩船神社には、八百比丘尼《はっぴゃくびくに》が松を植えたという伝承が残る。

・京丹後市丹後町乗原《のんばら》には人魚の肉を食べた大久保家の娘が八百《はっぴゃく》比丘尼《びくに》になったといわれる伝承が残る。

・福井県小浜市にも人魚の肉を食べた娘が八百比丘尼《はっぴゃくびくに》になったという伝承がある。彼女が八百歳になり入定《にゅうじょう》した際に植えたとされる椿もある。

また、伊根町には中国の王から不老長寿の仙薬を求めてきた徐《じょ》福《ふく》の伝説がある。

こういったことから、丹後は不老長寿の神仙郷だといえる。

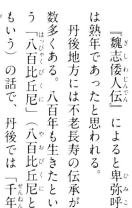

はい…！
トヨ
七歳の時
ヒミコの下《もと》
トヨウケ大神《おおかみ》に
仕《つか》える巫女《みこ》として
歩み始めた
二四七年
クナ国が
激しい戦闘態勢《せんとうたいせい》を
とり始めました
私の予知《よち》のとおり
恐れていたことが
避《さ》けられないようです
クナ国との
戦いの中
ヒミコは魏《ぎ》に
援軍《えんぐん》を求め
魏《ぎ》は倭国《わこく》に
証書や軍旗《ぐんき》、
武器を
与えた
魏《ぎ》から賜《たまわ》った
軍旗《ぐんき》が翻《ひるがえ》るのを
見たクナ国は
魏《ぎ》の大軍が
攻めて来たと思い
退《しりぞ》いていく
倭《わ》の国は再び
平和をとり戻した
ヒミコ様！
私はもうすぐ
この世での役目を
終《お》えるよう
ですね
ヒミコ様…
この時
トヨは一一歳

元伊勢《もといせ》

豊受大神《とようけのおおかみ》は、現在は伊勢神宮の外宮《げぐう》に祀《まつ》られているが、もともとは丹後の祖神《そしん》であった。五穀《ごこく》と桑《くわ》蚕などの種を与えた食を司《つかさど》る神である。『倭姫命世記《やまとひめのみことせいき》』によると、崇神《すじん》天皇の時代に天照大神《あまてらすおおみかみ》が各地を巡幸されたが、真っ先に訪れたのが吉佐宮《よさのみや》＊（真名井《まない》神社）におわす豊受大神《とようけのおおかみ》のところであった。天照大神《あまてらすおおみかみ》はこの地で四年間お過ごしになったとされる。

さらに、雄略《ゆうりゃく》天皇の時代に、豊受大神《とようけのおおかみ》を伊勢に遷《うつ》されたことが書かれている。丹後が「元伊勢《もといせ》」といわれるゆえんである。

丹後地方には豊受大神《とようけのおおかみ》を祀《まつ》る神社が数多くあり、信仰を集めている。

＊吉佐宮は与謝宮、匏宮《よさのみや》、与佐宮とも書かれ、与謝郡や与謝海の語源にもなっている。

幼いながらもヒミコの居る宮で朝夕神祀《まつ》りをする毎日だった
ヒミコには夫がなく王となってからは一人の弟が彼女を助けている
そのような中でトヨの若さと聡明《そうめい》さ
そして何よりも神の声をきく飛び抜けた霊力《れいりょく》はヒミコを安堵《あんど》させた
この子を選んで間違いはなかった
二四八年トヨ一二歳
トヨ、貴女《あなた》に授《さず》けたいものがあります
この鏡と印章勾玉《まがたま》の王冠《おうかん》
これを貴女《あなた》の命《いのち》として下さい
そしてこれらを未来永劫《えいごう》血脈《けつみゃく》に伝えてほしいのです
ヒミコ様！何をおっしゃっておられるのです
そして魏《ぎ》の皇帝より賜《たまわ》ったこの青い衣を身につけなさい

狗奴国《くなこく》

狗奴国《くなこく》は倭国《わこく》にあった小国のひとつで、卑弥弓呼《ひみここ》という男性の王が治めていた。『魏志倭人伝《ぎしわじんでん》』によると、狗奴国《くなこく》と卑弥呼《ひみこ》が治める邪馬台国《やまたいこく》はライバル関係にあったようだ。

二四七年ころ、狗奴国《くなこく》は激しく戦闘姿勢を取り出してきたため、卑弥呼《ひみこ》は魏《ぎ》に援軍を求める使者を送った。魏は張政《ちょうせい》らを遣わした。また、軍旗と武器を卑弥呼《ひみこ》に与え、檄《げき》をつくり、攻め合うことのないように告諭して、ふたたび、平和を取り戻したと記されている。

魏《ぎ》からの贈り物

　卑弥呼《ひみこ》は景初二（二三八）年（景初三年の説あり）に魏《ぎ》の国王に貢《みつぎ》ものを贈っている。それを喜んだ魏《ぎ》の王は、「親魏倭王《しんぎわおう》」の称号と金印紫綬《きんいんしじゅ》を授けると同時に、多くの下賜品を与えている。

　そのうちのひとつが「紺地句文錦《こんじくもんきん》」（紺色の地に区切りもようのついた錦の織物）である。ほかにも、「絳地交竜錦《こうちこうりゅうきん》」（あつぎぬで二頭の竜を配した錦の織物）や毛織物、銅鏡百枚、五尺刀、金、真珠などの品々がある。魏《ぎ》の国王はそれだけ卑弥呼《ひみこ》との関係を重く考えていたのだろう。

　また、魏《ぎ》の年号（青龍《せいりゅう》三年）が刻まれた鏡が、大田南五号墳（京丹後市峰山町、弥栄町）から出土している。日本国内では景初《けいしょ》三（二三九）年の鏡は出土しているが、大田南五号墳から出土したものは、それよりも四年も古い青《せい》龍《りゅう》三（二三五）年であることから、魏《ぎ》との深いかかわりが注目されている。

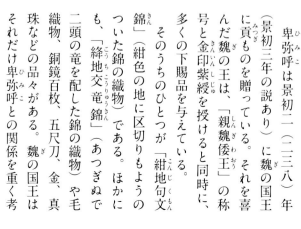

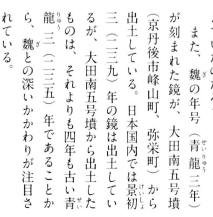

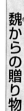

天《あま》の岩戸《いわと》神話

乱暴を働くスサノオの行動を怒った姉のアマテラスは、天《あま》の岩《いわ》戸《と》に隠れてしまった。太陽の神であるアマテラスが身を隠したことで世界は闇となり、さまざまな災いが起こった。

八百万《やおよろず》の神々が集まってアマテラスを外に出すための相談をしたが、どれも効果がなかった。そこでアメノウズメが神がかって踊ったところ、あまりのおかしさに神々が大笑いをし、その様子を怪訝《けげん》に思ったアマテラスが少し岩戸《いわと》を開けたところを、アメノタヂカラオがその手をとり、外に出した。アマテラスが出てくると高天原《たかまのはら》（天の上の世界）も葦原中国《あしはらのなかつくに》（地上の人々が住む世界）も明るくなった、という神話が『古事記』『日本書紀』に記されている。

ここでは、天《あま》の岩戸《いわと》に隠れたことを卑弥呼《ひみこ》の死とし、再び出てきたのは、卑弥呼《ひみこ》の後をつぐトヨであるとした。

卑弥呼《ひみこ》の死

『魏志倭人伝《ぎしわじんでん》』によると、二四七年に狗奴国《くなこく》との戦いがあり、卑弥呼《ひみこ》はその後、死亡したとある。そのことから、卑弥呼《ひみこ》の死は二四七～二四八年ごろではないかと推測されている。

ヒミコのために大きな冢《ちょう》が作られ殉死《じゅんし》する者は百余人だったとされている
また　ヒミコの死は密使《みっし》により諸国に伝えられ―
兄弟国ヤマトを始めとする各国の王達はタニハに駆《か》けつけた
やっとクナ国との戦いが終わったのにどうなるんだ
民の不安を鎮《しず》めるためとにかく王をたてるしかない
ほどなく男の新王が立てられたが国中が不服に思い
お互いに謀殺《ぼうさつ》し合い千余名が亡くなったという
二四九年タニハ国
この乱れた国を収める術《すべ》は
やはり神託《しんたく》しかないでしょう
わが王家にはヒミコ様の後を継《つ》ぐトヨという娘がおります
トヨ？

卑弥呼《ひみこ》からトヨへ

卑弥呼《ひみこ》の墓がどこにあるのかは不明であるが、約百人の奴婢《ぬひ》（奴隷《どれい》）が殉死《じゅんし》したと記されている。また、卑弥呼《ひみこ》の死後、男王が国を治めるも各地で内乱が起こり、千人余りが亡くなったとされる。

そこで当時一三歳だったトヨ（卑弥呼《ひみこ》の宗女《そうじょ》）を女王に立てたところ、国中はやっと治まった。帯方郡《たいほうぐん》（当時は魏《ぎ》の植民地）の武官・張政《ちょうせい》らは、檄文《げきぶん》を発し、トヨに告諭を与えた。それにこたえトヨは魏《ぎ》に使いを送り、白珠五千孔など貢献したことが書かれている。

王の言《げん》を受け タニハ国に 諸国の王が 集まった
あの娘が
ヒミコ様の 後を継《つ》ぐ 新しい女王？
おおなんと かわいらしい
フン あんな子どもに 何ができるのだ
タニハの国も いよいよ 終わりか？
いたたたた
何だ この鳥
………

トヨは、卑弥呼《ひみこ》と同じく巫女《みこ》としての霊力を持っていたのではないかと考えられる。

丹後には水晶やガラス玉、ガラス管玉《かんぎょく》、勾玉《まがたま》などを使った冠や耳飾り、首飾り、ブレスレットなどが多数出土している。それらは、装飾品としてだけではなく、呪《じゅ》術《じゅつ》用に使用された可能性もある。

あっ
光が…
カッ
おおお！太陽が…
我々を照らすもう一つの太陽が！

伝世鏡《でんせいきょう》

宮津市の籠《この》神社には、「辺津鏡《へつ》」「息津鏡《おきつ》」というふたつの鏡がある。この鏡は籠《この》神社の『海部氏勘注系図《あまべしかんちゅうけいず》』によると、海部《あまべ》氏の祖神《しん》・彦火明命《ひこほあかりのみこと》が天祖から豊受大神《とようけのおおかみ》を祀《まつ》るために授かったもので、これをもって丹波の凡海《おおしあま》の息津島《おきつしま》に降臨されたと記されている。

これらは出土したものではなく、代々海部《あまべ》家に伝わる「伝世鏡《でんせいきょう》」である。

辺津《へつ》鏡の方には「この鏡の質は清純で、明るく照らし、光り輝く様は日月のようである」と刻まれている。

息津《おきつ》鏡には、「長く子孫に宜し」と刻まれている。

丹後の鉄

古代の鉄製品の出土量は総量で見ると九州が多いということだが、弥生後期、一箇所の墓から大量の鉄剣が出たという点で見ると丹後が一番である。そのことを証明できるのが大風呂《おおぶろ》南一号墳（与謝野町）である。墳墓には当時貴重だった鉄の剣が一一本も埋葬されていた。当時、列島のなかで一番強力な王が存在していたのではないかと考えられる。

鉄にまつわる注目すべき遺跡としてほかには、京丹後市峰山町の扇谷《おうぎだに》遺跡・途中ヶ丘《とちゅうがおか》遺跡、奈具《なぐ》岡《おか》遺跡、日吉ヶ丘遺跡、三坂《みさか》神社墳墓群などがある。また、京丹後市弥栄町の遠處《えんじょ》遺跡には製鉄の設備があり、古代の製鉄コンビナートだったことがうかがえる。

また、丹後の砂鉄については諸説あるが、丹後地方でとれた砂鉄が、丹後王国の基礎にあったと考えられる。

トヨ様！
トヨ女王様！
女王国といわれた邪馬台国《やまたいこく》とはここタニハの国
ヒミコの心を受け継《つ》ぐ海人族《あまぞく》の娘トヨ一三歳
ここに倭《わ》の女王トヨが誕生《たんじょう》した

海の祭祀《さいし》

古代の王（または女王）の仕事のひとつに、祭祀《さいし》があげられるが、丹後には海の祭祀《さいし》の跡が見られる。

宮津市にある難波野《なんばの》遺跡である。籠《この》神社の東側から真名井《まない》川を渡った一帯で、約三百点の土器や須恵器《すえき》が、コの字に並んだ状態で出土した。それらの土器は北東辺に並ぶことから、日本海に向かって行われた祭祀《さいし》跡ではないかと考えられる。

また、真名井《まない》神社からは弥生時代の青いガラスの勾玉《まがたま》などが出土している。

2話 ヒバス姫と丹後王国

丹後の血がこんなにすごいなんて
はげみになったかの？
うん♪
ただ、今出てきたヒミコやトヨは中国の史書《ししょ》にはきちんと書かれているが
古事記
日本書紀
日本の史書《ししょ》の『古事記《こじき》』や『日本書紀《にほんしょき》』にはなぜかあいまいな記述《きじゅつ》しか残っていない…
そこは疑問が残るところじゃ

『古事記』

第四〇代天武天皇の発案で編さんが始まり、稗田阿礼《ひえだのあれ》が誦習《しょうしゅう》していたものを太安万侶《おおのやすまろ》が筆録したもの。神話を収めた上《かみ》つ巻《まき》、神武天皇から一五代応神天皇までの物語を収めた中《なか》つ巻、第一六代仁徳天皇から第三三代推古天皇までの物語を収めた下《しも》つ巻からなる。和銅五（七一二）年に太安万侶《おおのやすまろ》が元明天皇に献上した。

『日本書紀』

舎人親王《とねりしんのう》らが編さんした。六国史の第一にあたる。神代から持統天皇までの話を収めている。養老四（七二〇）年成立。

大縣主《おおあがたぬし》

ヤマト政権が作った氏姓制度のひとつ。大王の元に大臣《おおおみ》と大連《おおむらじ》があり、さらにその下に伴造《とものみやつこ》、国造《くにのみやつこ》、縣主《あがたぬし》が設けられた。

『古事記』には、開化天皇の后《きさき》に、「丹波の大縣主《おおあがたぬし》由碁理《ゆごり》の娘・竹野姫」とある。そのことから、由碁理《ゆごり》は単なる縣主《あがたぬし》よりも大きな力を持つ豪族で、しかも天皇に后《きさき》を出すほどの家柄だったことがわかる。

『古事記』には、開化天皇の時代に「丹波の大縣主《おおあがたぬし》」、雄略《ゆうりゃく》天皇

でも、それらの古い時代の記述《きじゅつ》には丹後のお姫様が出てくるのよね
うむ 開化《かいか》天皇のお妃《きさき》として大縣主《おおあがたぬし》由碁理《ゆごり》の娘竹野《たかの》姫が登場する
「縣主《あがたぬし》」というのはたくさんあっても「大」がつくのは丹後ぐらいじゃ
これには古代《こだい》丹波の勢力がどれほど強かったかということが表れている
由碁理《ゆごり》は鍛冶《かじ》王だったという説もある
鉄を制《せい》する者はいつの時代も強い
そして 丹波道主《みちぬし》王という丹後の王のお姫様たちみんなが妃になったという話が出てきますよね
古代は母系《ぼけい》社会で母方《ははかた》が権力《けんりょく》を持っているため男側がそこに入った、という考えもできるがね
まあ 続きを見てみよう
ここは熊野の海
海外からの荷が着いたぞー
何か珍《めず》しいものがあるかね
あっ

の時代に「志幾《しき》の大縣主《おおあがたぬし》」がある。

熊野の海

現在の熊野の海（久美浜湾）

2話の登場人物、関係図

『日本書紀』により作成
ただし、☆は『古事記』による
══は婚姻関係
──は親子関係

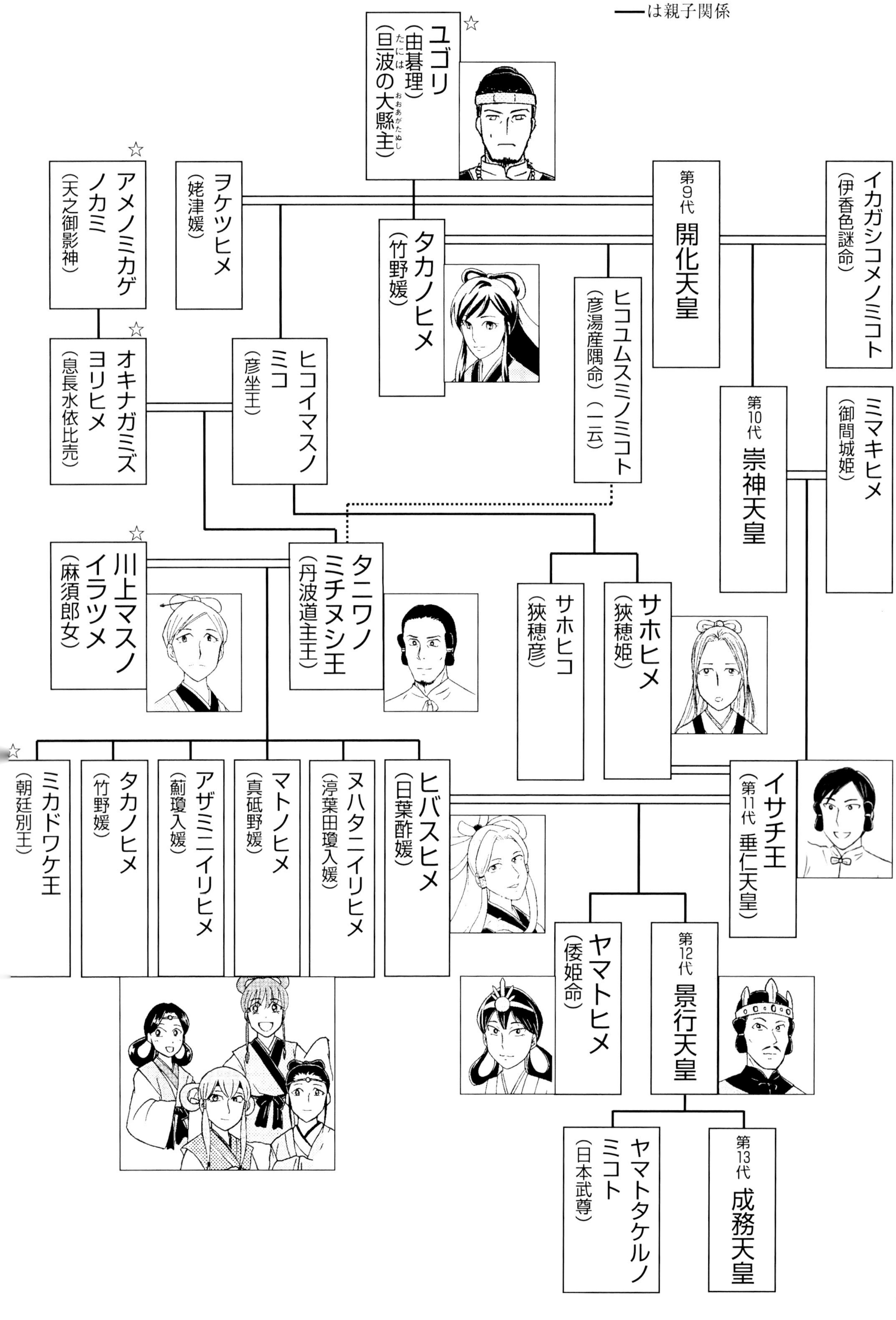

王屋敷

京丹後市久美浜町の妙泉寺の裏に、二段作りの大きな丘陵があり「王屋敷」と呼ばれている。かつて、丹波道主王《たんばのみちぬしのおう》が川上麻須《かわかみのます》（川上麻須郎と二説ある）の娘をめとり、丹波道主命《たんばのみちぬしのみこと》が館を構えたといわれる。丘上は相当広く、昔はここに池もあったという。

『日本書紀』には、丹波道主王《たんばのみちぬしのおう》は彦坐王《ひこいますおう》の子であるとされている。『日本書紀』の一云には彦湯産隅王の子と記載されている。

『古事記』には、丹波比古多々須美知能宇斯王は日子坐王《ひこいますおう》の子とある。

川上麻須《かわかみのます》の館跡は、「須田小字シモ山」と、「小字オノ宮」の二説がある。

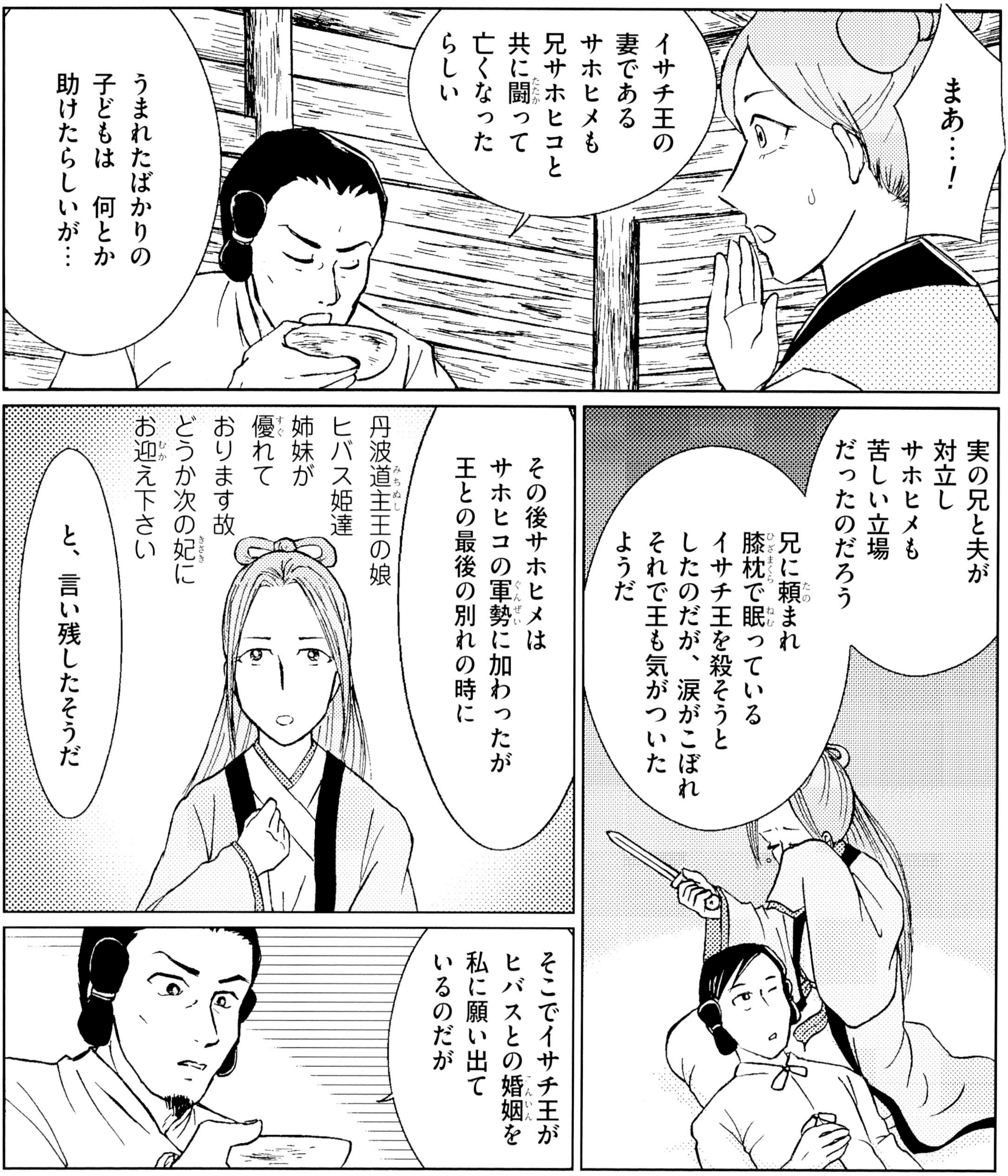
まあ…！
イサチ王の妻であるサホヒメも兄サホヒコと共に闘《たたか》って亡くなったらしい
うまれたばかりの子どもは　何とか助けたらしいが…
実の兄と夫が対立しサホヒメも苦しい立場だったのだろう
兄に頼《たの》まれ膝枕《ひざまくら》で眠《ねむ》っているイサチ王を殺そうとしたのだが、涙がこぼれそれで王も気がついたようだ
その後サホヒメはサホヒコの軍勢《ぐんぜい》に加わったが王との最後の別れの時に
丹波道主《みちぬし》王の娘ヒバス姫達姉妹が優《すぐ》れております故どうか次の妃《きさき》にお迎《むか》え下さい
と、言い残したそうだ
そこでイサチ王がヒバスとの婚姻《こんいん》を私に願い出ているのだが

イサチ王

垂仁天皇のこと。「イクメイリヒコイサチノミコト（伊久米伊理《いくめいり》毘古伊佐知命《ひこいさちのみこと》）」という名から、ここではイサチ王と呼ぶ。

『日本書紀』では、サホヒメ（狭穂姫《さほひめ》）を后にめとるが、サホヒメの兄・サホヒコ（狭穂彦《さほひこ》王、沙本毘古とも書く）と仲が良く、兄の計略で夫・イサチ王を殺そうとする。しかし、イサチ王に気づかれ未遂に終わる。

兄妹はイサチ王の怒りを買って火を放たれるが、その際に、「次の后《きさき》は誰がよいか？」と尋ねられ、サホヒメは

「丹波の国に五《いつとり》の婦人あり。志並びに貞潔《いさぎよ》し。是れは丹波道主王《たんばのみちぬしのおう》の女《むすめ》なり」

と、五姫を推薦したことが記されている。

なお、丹波道主王《たんばのみちぬしのおう》・川上麻須《かわかみのますの》郎女《いらつめ》夫婦には、ヒバス姫ら五人の姉妹と弟の朝廷別王《みかどわけのみこ》がいる。

イサチ王も巫女王《みこおう》として我が海人族《あまぞく》の娘がなくてはならないのでしょうね
そういうことのようだ
ヒバスは先日 私に「巫女《みこ》となってトヨウケ様にお仕《つか》えしたい」と申し出てきました
でも…
私はあの子は巫女《みこ》として一生を終えるのではなくもっと別の運命《うんめい》を持っているような気がします
そうであろう…
ヒバスの名前は日輪《にちりん》の霊《れい》、海の霊《れい》を併《あわ》せ持つ偉大《いだい》なる巫女王《みこおう》の名であると占《うらな》い師が言っておったな

サホヒコ

サホヒコ（狭穂彦王《さほひこ》）は、ヒコイマス（日子座王《ひこいます》・彦座王《ひこいます》とも書く）の子で、日下部連《くさかべむらじ》の祖である（日下部連《くさかべのむらじ》は丹後の豪族）。

丹波道主王《たんばのみちぬしのおう》はヒコユムスミの子であるという説とヒコイマスの子であるという説があるため、後者をとると両者は異母兄弟となる。

ヒバス姫

ヒバス姫の字はさまざまで、『古事記』には、「氷羽州《ひばす》」「比婆須《ひばす》」とあり、『日本書紀』には「日葉酢媛《ひばすひめ》」とある。『天皇と鍛冶王の伝承』（畑井弘）によると、氷羽州《ひばす》とは、朝鮮語で読み解くと氷羽《ひば》（の）州（国）で、「日輪の霊」「海の霊」を併せもつ偉大なる意味を持つ巫女王《みこおう》の名前という意味になる。そして、ヒバスの娘のヤマトヒメ（倭姫命）は、伊勢の斎宮となる。ヒバスヒメもヤマトヒメも古代日本にとって、なくてはならない重要な人物だったのである。

五姫

丹波道主王《たんばのみちぬしのおう》の娘（姫）たちは、『日本書紀』垂仁天皇の条では五人（日葉酢《ひばす》媛、渟葉田瓊入《ぬはたにいり》媛、眞砥野《まとの》媛、薊瓊入《あざみにいり》媛、竹野《たかの》媛）になっているが、『古事記』垂仁天皇の条では記述がさまざまで、垂仁天皇婚姻の条では比婆須比売《ひばすひめ》命、弟比売《おとひめ》命、歌凝比売《うたごりひめ》命、円野《まとの》比売《ひめ》命の四人とあり、后妃推薦の条では兄比賣《えひめ》、弟比賣《おとひめ》の二人、后妃皇子の条では氷羽州比賣《ひばすひめ》命、沼《ぬ》羽田之入毘賣《わたのいりひめ》命、阿邪美能伊理毘《あざみのいりひ》賣《め》命の三人、『古事記』開化天皇の条では比婆須比売《ひばすひめ》命、真砥野比《まとのひ》売《め》命、弟比売《おとひめ》命の三人となっている。

あなたには我が海人族《あまぞく》の娘として
イサチ王と結婚し皇后となる使命が与えられているのです
わかって下さいね
…………
大和《やまと》のイサチ王様がお着きになりました

川上麻須郎女《かわかみのますのいらつめ》

川上麻須郎女《かわかみのますのいらつめ》は、京丹後市久美浜町の豪族川上摩須《かわかみのます》（あるいは摩須良）族の娘である。屋敷があったとされる久美浜町須田は約一五〇基にのぼる古墳がある「王家の谷」と呼ばれる一帯で、大きな勢力を持っていたと考えられる。

また、籠《この》神社の『海部《あまべ》氏勘注《しかんちゅう》系図《けいず》』には、「一四世孫《せいそん》の川上眞稚《かわかみのまわかのみこと》命は竹野郡将軍山　一云う熊野郡甲山に眠る」とあり、ほかにも熊野郡川上郷に一五世孫《せいそん》、一八世孫《せいそん》などの墓地があるとされる。これらから、川上家は熊野郡（現・久美浜町）を拠点に勢力を誇ったのではないだろうか。

おお！ これは
何と美しい景色《けしき》なのだろう
私には何故《なぜ》か丹後の地がとても懐《なつ》かしい
この海も遠い記憶《きおく》で見たような気がする…
丹後の海を愛して下さりありがとうございます
……
ヒバス姫よ

川上郷

ヒバスヒメたちが育った川上郷は、現在の京丹後市久美浜町にあたる。ここは旧熊野郡で「熊野」の地名が残り、丹波道主命王《たんばのみちぬしのおう》に関する伝承地や関連する古墳などが多く残されている。

また、『熊野郡誌』によると、京丹後市久美浜町海士《あま》は海部直《あまべのあたい》の子孫が住んだとされる。さらに子孫代々が祝職《はふり》（神主）をし、陵《みささぎ》神社（久美浜町）に奉仕していた。川上麻須《かわかみのます》の館があった須田には衆良《すら》神社があり、川上麻須《かわかみのます》と須《す》佐《さ》之《のお》男が祀《まつ》られている。

また、祭祀《さいし》の中心は籠《この》神社奥宮・真名《まな》井《い》神社が鎮座する真名井原付近であったと考えられる。

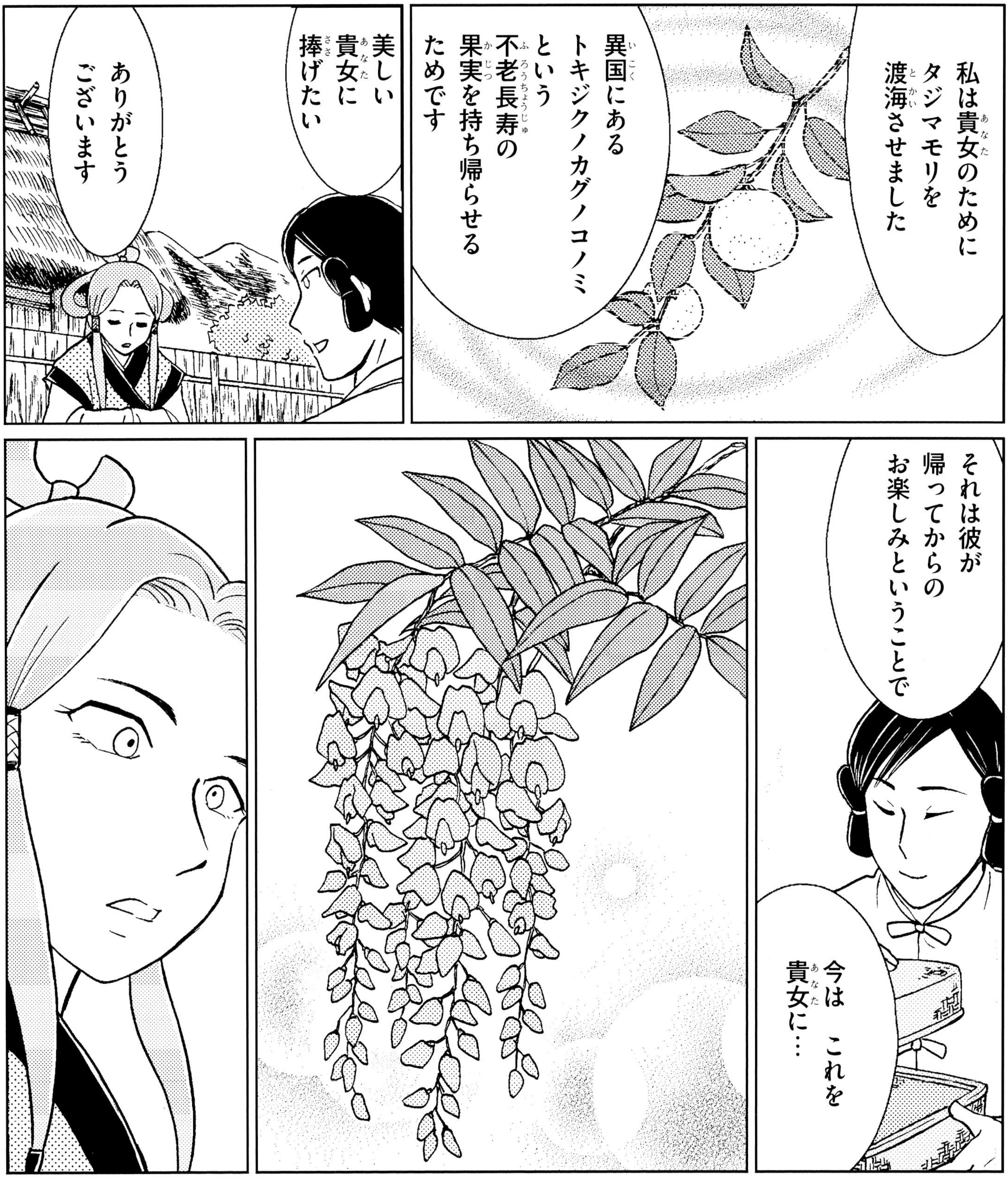
私は貴女《あなた》のために
タジマモリを
渡海《とかい》させました
異国《いこく》にある
トキジクノカグノコノミ
という
不老長寿《ふろうちょうじゅ》の
果実《かじつ》を持ち帰らせる
ためです
美しい
貴女《あなた》に
捧《ささ》げたい
ありがとう
ございます
それは彼が
帰ってからの
お楽しみということで
今は　これを
貴女《あなた》に…

タジマモリ

垂仁天皇はタジマモリ（田道間守）に、常世国《とこよのくに》にある「非時香《ときじくのかぐの》菓《このみ》」を持ち帰るように命じた。非《とき》時香菓《じくのかぐのこのみ》とは「橘《たちばな》」のことで、邪《じゃ》気《き》を祓《はら》うものとされている。

タジマモリは丹後の木津の浜から出発し、十年後にようやく橘《たちばな》を持ち帰ったが、そのときにはすでに垂仁天皇は亡くなっていた。タジマモリは嘆き悲しみ、天皇陵に参り、自らも死んでしまったと言い伝えられている。

『竹野郡誌』には、タジマモリの船が最初に帰り着いたのは、橘《たちばな》の庄の箱石浜《はこいしはま》の清水岩あたりだと書かれている。橘《たちばな》は「きつ」とも読めるが、木津の地名はここからきているのではないだろうか。木津にある売布《めふ》神社ではタジマモリの無事の帰国を感謝してお礼の祭典をしたといわれている。

また、タジマモリが非時香菓《ときじくのかぐのこのみ》を探しに行った話は小学校唱歌にもなり、昭和初期に歌われている。

なお、『古事記』によると、タジマモリが持ち帰った橘《たちばな》は八枝あったが、そのうち四枝はヒバス姫に献上し、もう四枝は垂仁天皇の御陵に捧げたとある。この橘《たちばな》は不老長寿の薬、もしくは呪具《じゅぐ》とも考えられる。

藤の花

藤の花は、丹後とは深いかかわりがある。藤の花は、古来から稲の豊作を祈る儀式に使われてきた。籠《この》神社では、豊受大神《とようけのおおかみ》のご神徳を称える藤祭りが行われている。（欽明《きんめい》天皇の時代から葵祭りとなった）

また、丹後には「藤織り」が伝承されている。これは藤蔓《ふじかずら》の繊維をたたいて編んだもので、藤で作った藤衣《ふじごろも》は海人族《あまぞく》が海辺で塩を焼くときに着たともいわれている。砂鉄をすくう際には、藤で編んだむしろを使用したようだ。藤は古代丹後が誇る鉄の生産にも深く結びついている。

一方で藤の花は、「藤娘」や「藤壷」など美しい女性を形容するのに使用されている。また、藤の花の紫は高貴な色とされ、僧侶の紫衣《むらさきころも》、紫雲《しうん》、紫綬《しじゅ》、天皇や天子の居所である紫微宮《しびきゅう》にも紫の文字が使われている。

藤はやせた土地でもよく育つことから、かつては飢饉《ききん》の際に根を食べたこともあるという。

こうして
ヒバス姫たち
姉妹《しまい》は
イサチ王の
妃《きさき》となった
ヒバス姫は
王との間に
五人の子を
産《う》んだ
そのうちの
一人は
景行《けいこう》天皇
一人は
ヤマトヒメであり
伊勢神宮《いせじんぐう》の
斎宮《さいぐう》となった
海人族《あまぞく》の
巫女王《みこおう》の系譜《けいふ》は
こうして引き継《つ》がれて
いったのだった

景行《けいこう》天皇とヤマトヒメ

ヒバス姫は垂仁天皇との間に五人の子を産んだ。一人は第一二代天皇である景行《けいこう》天皇となり、その子には第一三代成務《せいむ》天皇や日本《やまと》武尊《たけるのみこと》がいる。さらにその子が第一四代仲哀《ちゅうあい》天皇と続く。

一方、娘のヤマトヒメ（倭比売《やまとひめ》命）は、伊勢神宮の最初の斎宮《さいぐう》となった（斎宮《さいぐう》とは天照大御神《あまてらすおおみかみ》に奉仕する巫女《みこ》のこと）。

『日本書紀』によると、ヤマトヒメは天照大御神《あまてらすおおみかみ》の御杖代《みつえしろ》（斎王）として大和国から伊勢を経て、近江、美濃、尾張などを巡り、伊勢の国に入り、神託によって現在の伊勢神宮の地を選び、伊勢神宮内宮を創建したとされる。

甥のヤマトタケルが景行《けいこう》天皇の命で九州に赴く際に訪ねると、女性の着物を与え女装して戦うことを教え、さらに東国に向かう際には草那芸《くさなぎ》の剣を与えたといわれる。

このようにヒバスヒメが后妃となったことで、丹後の王家は天皇家と深くかかわることになる。

3話

その後の丹後と海部《あまべ》一族

すごいわ！ヒバス姫様は国母《こくぼ》という大事なお役目をいただいていたのね！
そう　これが丹後海人族《あまぞく》に生まれた者の宿命《しゅくめい》じゃ
私も将来国母《こくぼ》と呼ばれるくらいの…
ふむ　ところでこの時代の丹後の大王家《だいおうけ》の特徴《とくちょう》を言えるかな
…ええと、五代にわたり男王の系譜《けいふ》が復元《ふくげん》できる点
…ですよね
そうじゃ
しかし　この後丹後の大王家《だいおうけ》が辿《たど》った運命は辛いものじゃった
ユゴリ—タカノ姫の兄か弟—ヒコユムスミ—丹波道主王—ヒバス姫の兄弟朝廷別王《ミカドワケノミコ》
三九二年（応神三年）海人《あま》の反乱が起き
三九四年（応神五年）海人部《あまべ》が定められた

丹後の系譜

『古事記』『日本書紀』を読み解くと、古代丹後の系譜が見えてくる。

まず丹波の大県主《おおあがたぬし》・由碁理《ゆごり》の娘・竹野姫《たかのひめ》が開化《かいか》天皇の后《きさき》となる。また、「ゆごり」とは「湯が凝《こ》る」つまり金属を鋳造《ちゅうぞう》する際の湯凝《ゆご》るから来ているのではないかという説がある。鉄もしくはガラス玉などの製造にかかわっていたのかも知れない。

そして竹野姫《たかのひめ》の子どもがヒコユムスミノミコト（彦湯産隅命《ひこゆむすみのみこと》）である。さらに一云には、その子どもに丹波道主王《たんばのみちぬしのおう》とある。丹波道主《たんばのみちぬしの》王《おう》は川上麻須郎女《かわかみのますのいらつめ》と結婚し、ヒバスヒメ姉妹と朝廷別王《みかどわけのみこ》をもうけた。

このように五代にわたる男系の系図があり、天皇家の外戚関係を持つ有力な豪族だったと考えられる。

『日本書紀』によると、「応神三（三九二）年、海人《あま》がさばめき（騒ぎ立てること）命《みこと》に従わず。そこで、応神五（三九四）年に海人部《あまべ》が定められた」とある。

そして丹後の大王家《だいおうけ》は
品田天皇《ほむだ》(応神天皇《おうじん》)から
「海部直《あまべのあたい》」という姓《かばね》を与えられる
「姓《かばね》を賜《たまわ》る」ということは
この時をもって臣下《しんか》に落とされた、ということじゃ
しかしその後も戦乱に巻《ま》き込まれた者たちは前王朝《ぜんおうちょう》丹後王家を頼《たよ》り丹後に亡命《ぼうめい》した
オケ皇子(仁賢天皇《にんけん》)
ヲケ皇子(顕宗天皇《けんぞう》)
後に天皇となるオケとヲケの二皇子もそうね
そして雄略《ゆうりゃく》二二(四七八)年丹後の祖神《そじん》トヨウケ大神《おおかみ》が伊勢に遷宮《せんぐう》され
『古事記』には〝外宮《げぐう》に祀《まつ》られる神〟とだけ記される存在となってしまった

海部姓《あまべ》

国宝『海部氏系図《あまべ》』によると、海部氏《あまべ》は代々「命《みこと》」や「宿祢《すくね》」と呼ばれていたが、応神五（三九四）年に海人部《あまべ》ができ、建振熊《たてふるくまの》宿祢《すくね》は海部直《あまのあたい》という姓を賜ったと書かれている。

履中《りちゅう》天皇の子・市辺押磐王《いちのべおしはのみこ》は皇位継承争いで、大長谷王《おおはつせのみこ》（後の雄《ゆう》略《りゃく》天皇）に暗殺されてしまう。息子の億計王《おけのみこ》・弘計王《をけのみこ》兄弟は身の危険を感じ、丹後の豪族、日下部連《くさかべのむらじ》を頼って逃げ込んできた。その後、ふたりは播磨を経て大和に戻り、弘計王《をけのみこ》が顕宗《けんぞう》天皇に、その死後に兄が仁賢《にんけん》天皇になった。宮津市難《なん》波野《ばの》には仁徳《にんとく》天皇と弘計《をけ》・億計《おけ》の王を祀る麓《ふもと》神社がある。

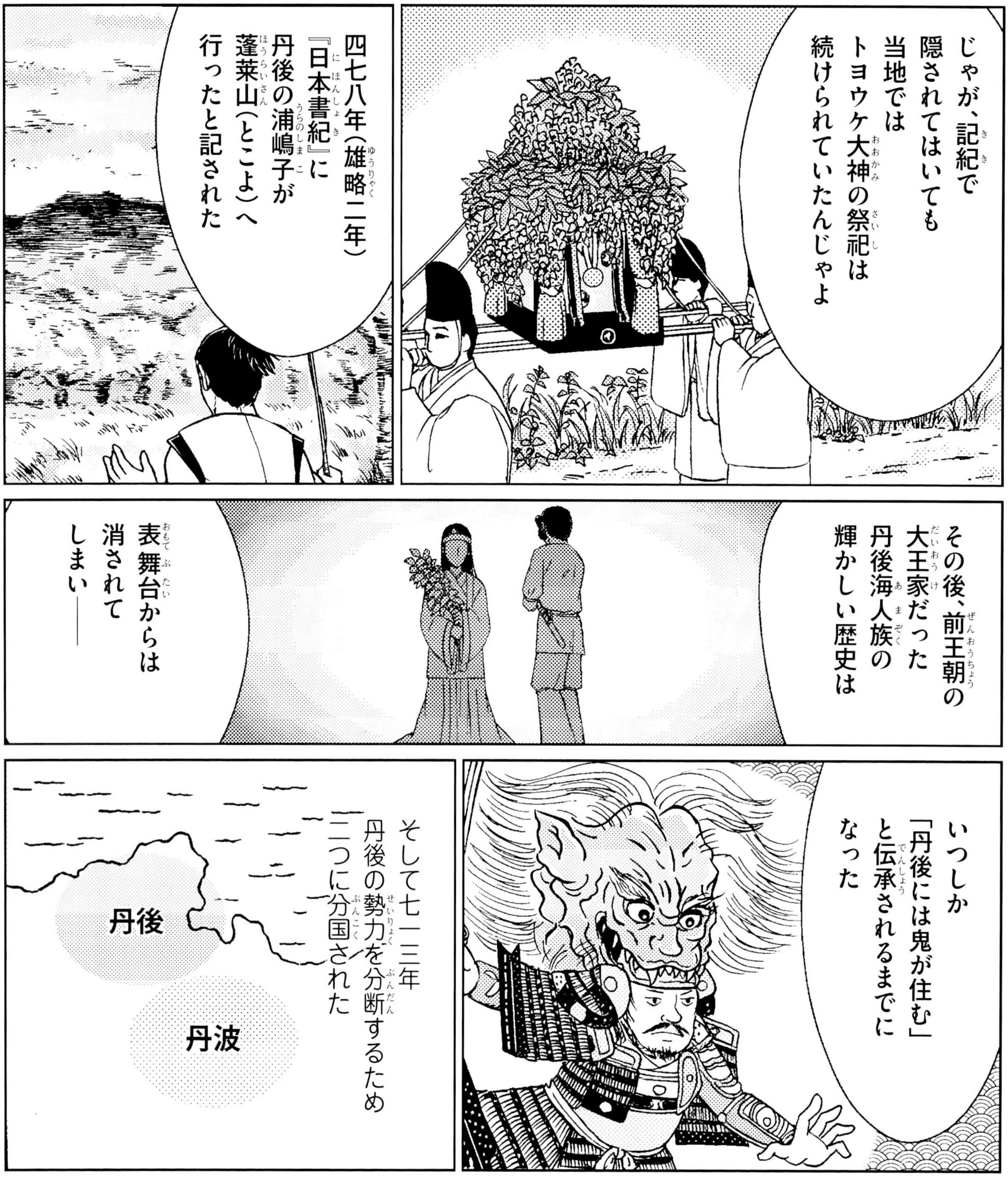
じゃが、記紀《きき》で
隠されてはいても
当地では
トヨウケ大神《おおかみ》の祭祀《さいし》は
続けられていたんじゃよ
四七八年（雄略《ゆうりゃく》二年）
『日本書紀《にほんしょき》』に
丹後の浦嶋子《うらのしまこ》が
蓬莱山《ほうらいさん》（とこよ）へ
行ったと記された
その後、前王朝《ぜんおうちょう》の
大王家《だいおうけ》だった
丹後海人族《あまぞく》の
輝かしい歴史は
表舞台《おもてぶたい》からは
消されて
しまい——
いつしか
「丹後には鬼が住む」
と伝承《でんしょう》されるまでに
なった
そして七一三年
丹後の勢力《せいりょく》を分断《ぶんだん》するため
二つに分国《ぶんこく》された
丹後
丹波

大江山の鬼退治

丹後には鬼退治の伝承が三つある。

1　日子坐王《ひこいますおう》を丹後に遣わして、玖賀耳御笠《くがみみのみかさ》を退治させた。

2　用明天皇の時代。聖徳太子の弟である麻呂子《まろこ》親王が大江山に出没する英胡《えいこ》、軽足《かるあし》、土車《つちくるま》などの鬼を退治した（「斎神絵巻」）。

3　一条天皇の時代に、大江山に現れる酒呑童子《しゅてんどうじ》という賊を源頼光らが退治した（「大江山酒呑童子《しゅてんどうじ》絵巻」）。

いずれも、鬼は大和政権にとって目障りな丹後勢力を意味しているのかも知れない。

4話

よみがえる丹後王国

鉄とガラスの王国
貿易国《ぼうえきこく》として 栄《さか》えた丹後
丹後には巨大《きょだい》な 日本海沿岸《えんがん》 三大古墳《こふん》が 造《つく》られるなど
大国の 威容《いよう》を 今も残している
しかし 大和政権《やまとせいけん》が 強大《きょうだい》になるにつれ
丹後は 斜陽《しゃよう》の時を 迎《むか》えた
応神《おうじん》天皇の時代、 海部《あまべ》の一族は 「直《あたい》」の姓《かばね》を与えられ
大王家《だいおうけ》から 臣下《じんか》へと下《くだ》った
こうして 燦《きら》めく 丹後王国 タニハ王国は
歴史から 消されていった――

古代丹後の歴史

時代	出来事
B.C.200	・竹野遺跡など ・陶けんなど中国からの品が出土
B.C100	・奈具岡《なぐおか》遺跡の水晶工房
1世紀	・倭国《わこく》は百余国が群立
2世紀	・倭国《わこく》大乱→卑弥呼《ひみこ》が治める ・ガラス、玉類、鉄器など出土
3世紀	・卑弥呼《ひみこ》、親魏倭王《しんぎわおう》の称号と金印授《さず》かる ・卑弥呼《ひみこ》死、トヨが女王に ・青龍《せいりゅう》三年鏡 ・大和地方も古墳ができはじめ、大和政権が誕生したと思われる
4世紀	・丹後三大古墳（蛭子山《えびすやま》、網野銚子山《ちょうしやま》、神明山《しんめいやま》）
5世紀	・大和政権、氏姓制度を作る
6世紀	・聖徳太子、摂政となる ・聖徳太子、蘇我馬子《そがのうまこ》とともに「天皇記」「国記」等を著す

でも、表舞台《おもてぶたい》から消えたというだけで
その存在《そんざい》が消えたわけではないでしょうよ
ああ
丹後王国の血脈《けつみゃく》はこの国の祭祀《さいし》を司《つかさど》る「国造」となって
脈々《みゃくみゃく》と国の平安を祈り続けたのじゃ
それに…ねえシオヅチノオジこの青い海、恵《めぐみ》の山々に
ヒミコやトヨ、丹後の巫女姫達《みこひめたち》が残してくれた海人族《あまぞく》の誇《ほこ》りは
今も私の…私たちの手の中に残されているわ
ね！
……うむ
そうじゃな

丹後分国

『海部《あまべ》氏系図』などを見ると、律令時代から海部《あまべ》氏は、祝部《はふりべ》（神職）として奉仕した。海部《あまべ》直伍佰《いほじ》祝、愛志《えし》祝、千嶋《ちしま》祝と続く。千嶋《ちしま》にはふたりの弟がいたのだが、上の弟・千足は丹波直《たんばのあたい》となり、下の弟・千成は笑原《やはら》神社の祝部《はふりべ》になっている。和銅六（七一三）年、大丹波は分割され、熊野郡、丹波郡、与謝郡、加佐郡、竹野郡のみが丹後国となった。

氏姓制度

五世紀後半、大和政権は氏姓制度を作った。大王《おおきみ》（天皇）の下に、大臣《おおおみ》、大連《おおむらじ》を設け、その下に県主《あがたぬし》、国造、屯倉首《みやけのおびと》、伴造《とものみやっこ》を置き、その下に祝部《はふりべ》や服部《はとりべ》などの部を置いた。大臣《おおおみ》や大連《おおむらじ》、地方の豪族などは氏を賜り、名乗ることができた。

海部《あまべ》氏の中でも千嶋《ちしま》は国造《こくぞう》として、千成は祝部《はふりべ》として丹後を守り続けた。

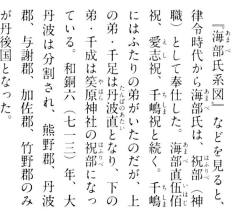

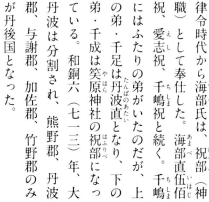

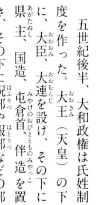

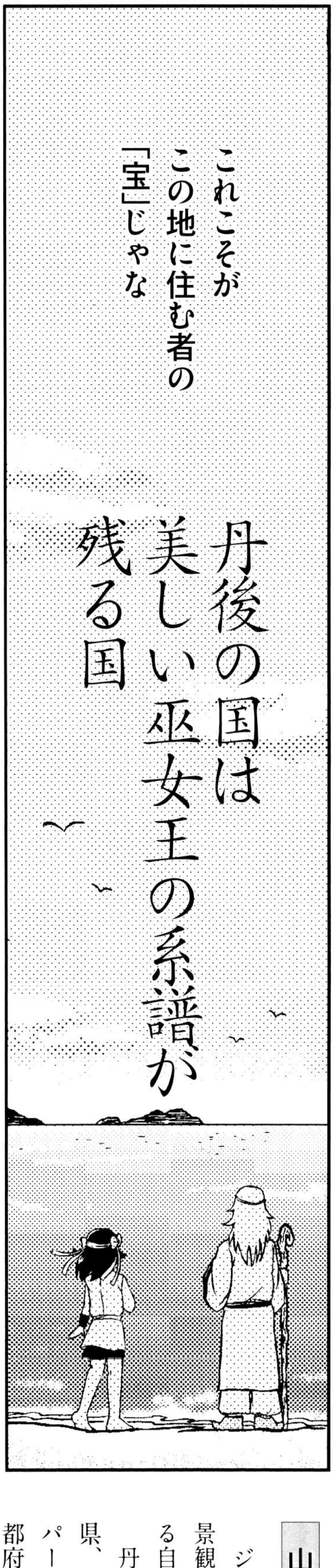
丹後の国は
美しい巫女王の系譜が
残る国

これこそが
この地に住む者の
「宝」じゃな
ヒミコ
トヨ
タカノヒメ

山陰海岸ジオパーク

ジオパークとは、地質や地形、景観、歴史的価値などが優れている自然公園のこと。

丹後地域を含む山陰海岸（鳥取県、兵庫県、京都府）は世界ジオパークへの加盟が認定された。京都府では、丹後地域の琴引浜や立岩、屏風《びょうぶ》岩、間人《たいざ》海岸や日本の夕陽百選のひとつである浜詰海岸（夕陽ヶ浦）などがある。

ヒバス姫と姉妹たち
ヤマトヒメ
川上マスノイラツメ
彼女たちが祀《まつ》った
トヨウケ大神《おおかみ》に守られ
世界は変わる——

丹後の七姫

丹後には次の七姫の話も残っている。

乙姫《おとひめ》：丹後に伝わる日本最古の浦嶋伝説（『丹後国風土記《たんごのくにふどき》』）に登場する。

天女《てんにょ》：同じく丹後に伝わる日本最古の羽衣伝説（『丹後国風土記《たんごのくにふどき》』）に、美しい天女が登場する。

穴穂部間人皇女《あなほべのはしひとのひめみこ》：聖徳太子の母。大和で物部《もののべ》氏と蘇我《そが》氏の争いがあった際に丹後に避難してきた。その場所が間人《たいざ》海岸といわれている。

細川ガラシャ：明智光秀の娘で、細川忠興《ただおき》の妻。本能寺《ほんのうじ》の変の後、娘のガラシャは丹後に幽閉《ゆうへい》される。そこでキリスト教の洗礼を受け、ガラシャと名乗ることに。丹後時代の細川家は、長岡姓である。

小野小町《おののこまち》：平安時代の歌人で絶世《ぜっせい》の美女といわれた。晩年、丹後を訪れ、京丹後市大宮町で亡くなったといわれている。

安寿姫《あんじゅひめ》：「山椒大夫《さんしょうだゆう》」に出てくる女性。奥州のある国の領主だった父が無実の罪で九州に左遷された。その子の安寿《あんじゅ》と厨子王《ずしおう》は、母とともに父を探しに行くが、途中で人買いに捕らわれ丹後に連れて来られたという。

静御前《しずかごぜん》：平安時代末期の白拍子《しらびょうし》（舞いを舞う人）で、京丹後市網

かつて 丹後は
偉大《いだい》なる
海人王国《あまおうこく》だった
古代《こだい》より
国際社会《こくさいしゃかい》を
具現《ぐげん》してきた
丹後王国
浦島伝説《うらしまでんせつ》、
羽衣伝説《はごろもでんせつ》、
徐福伝説《じょふくでんせつ》が
残り
美しい千年椿《つばき》が
咲き誇《ほこ》る
世界が憧《あこが》れた
神仙郷《しんせんきょう》
イザナギ、
イザナミが
降りたった
天橋立
神の島
常世島《とこよじま》と
言われる
冠島《かんむりじま》と沓島《くつじま》
豊受大神《とようけのおおかみ》が
います国
巫女王《みこおう》の系譜《けいふ》と
美しい人柄《ひとがら》
この国の総《すべ》ては
丹後から
始まった

野町磯で生まれ、父は「磯の衆」と呼ばれる海人《あま》族との説がある。後白河法皇《ごしらかわほうおう》が「雨乞いの舞」を奉納祈願した際に多くの白拍子《しらびょうし》が舞っても雨が降らなかったが、静御前《しずかごぜん》が舞うと雨が降ったとされ、あまりの美しさに源 義 経《みなもとのよしつね》が見初《みそ》めて妻にした。義経亡きあと、丹後に戻った。静御前《しずかごぜん》を祀《まつ》る静神社がある。

豊受大神《とようけのおおかみ》

現在、伊勢神宮の外宮に祀《まつ》られている豊受大神《とようけのおおかみ》は、もともとは丹後におられた。五穀の種を授ける食を司る神で、天照大御神《あまてらすおおみかみ》が巡幸された際に真っ先に丹波のよさの宮を訪れ、四年間を過ごされた。その後、伊勢神宮に遷《うつ》られたため、丹後は元伊勢《もといせ》といわれる。

丹後国は丹後一宮籠《この》神社の海部《あまべ》氏が代々丹波国造となり、出雲国造が出雲国の祭祀《さいし》を司《つかさど》っているのと同様に、海部《あまべ》氏は旧丹波国の祭祀《さいし》を継承している。

天照大神《あまてらすおおみかみ》の血脈につながる海部《あまべ》氏の始祖である彦火明命《ひこほあかりのみこと》が、豊《とよ》受大神《うけのおおかみ》を丹後に創祀《そうし》し、それ以来海部《あまべ》氏がその祭祀《さいし》を継承し、丹後各地で祖神《そしん》として祀《まつ》られている。

初めてなのに
何故《なぜ》か懐《なつ》かしい——
日本のふるさと
丹後が
今、よみがえる

千年椿

与謝野滝にある椿の大木。樹齢千年ともいわれるクロツバキである。

丹後誕生

丹波が分国されて「丹後」が誕生してから一三〇〇年たち、ようやく日本古代史の奥の院まで高速道路が計画され、丹後が身近になった。

いまこそ丹後を訪ね、日本を考え直す時がきたのではないだろうか。

丹後はその風景と美味と優しさにおいて、決して私たちを裏切ることはない。

前王朝としてのその豊かな歴史と誇りは、今なお丹後の人々の美しい人柄のなかに生き続けている。

丹後王国を彩った美しい斎姫や女性たちの遺伝子は受け継がれ、かつての前王朝、王族の誇りは今も生きている。

第2部
『丹後国風土記《たんごのくにふどき》』の世界

斎宮大明神縁起《いつきのみやだいみょうじんえんぎ》
〔竹野神社所蔵、京都国立博物館提供〕

玉櫛笥《たまくしげ》〔浦嶋神社所蔵〕

「うらしま太郎」や「天女のはごろも」など、誰もが知っている昔話は全国各地にありますが、これらは『丹後国風土記《たんごのくにふどき》』が原型の一つだと言われています。

日本各地の『風土記《ふどき》』と呼ばれる書物は、奈良時代（元明天皇の頃）に律令《りつりょう》制を実施して全国を統一した大和朝廷が、各地の様子を知るために和銅六（七一三）年に編さんを命じ、作らせたものだと言われています。主な内容は、地名の由来や産物、土地の状態、伝承などです。その多くは原本が残っておらず、写本または逸文《いつぶん》として内容の一部が後世の書物に記されているだけです。

『丹後国風土記《たんごのくにふどき》』も逸文《いつぶん》が残っており、「浦嶼子《うらのしまこ》」（浦島伝説）、「奈具社《なぐのやしろ》」（天女伝説）、「天椅立《あまのはしだて》」の話が万葉仮名まじりの和歌を交えた長文で記されています。

それらは文献的に日本最古の「うらしま太郎」や「天女のはごろも」の物語だとされています。伝承を通して古代丹後の世界を見てみましょう。

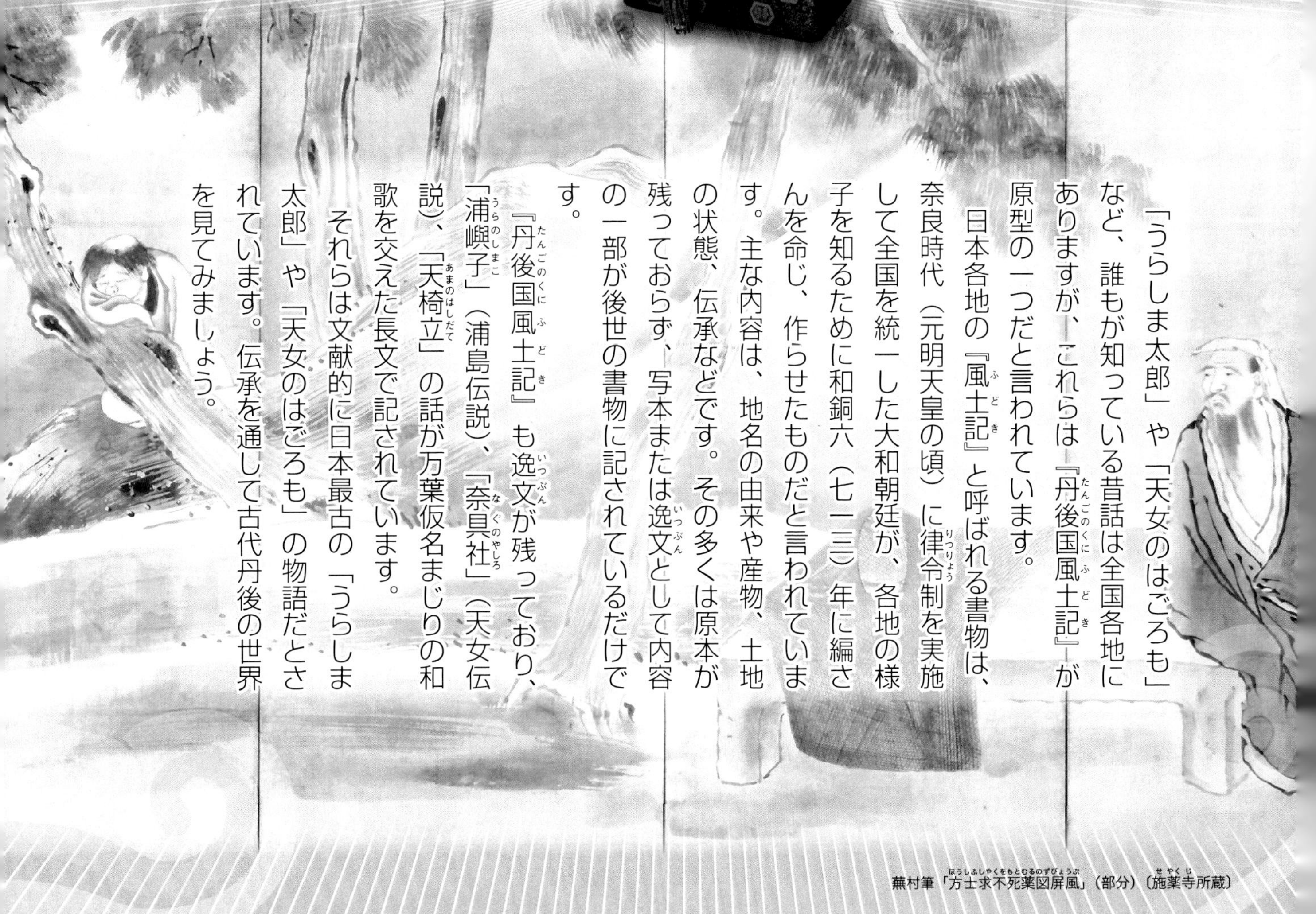

蕪村筆「方士求不死薬図屏風《ほうしふしやくをもとむるのずびょうぶ》」（部分）〔施薬寺《せやくじ》所蔵〕

天橋立《あまのはしだて》は天上につながるハシゴだった!?

国生みの舞台

『丹後国風土記《たんごのくにふどき》』逸文《いつぶん》に記されている話の一つに「天橋立《あまのはしだて》」の伝承があります。

天上におられたイザナギの命《みこと》が、天上と地上を行き交えるようにはしごを造りました。

ところがイザナギの命《みこと》が寝ている間に、このはしごが倒れてしまい、それが天橋立《あまのはしだて》になりました。それがあまりに不思議なことだったので、「久志備《くしび》（神異）であられる（不思議なことだ）」とおっしゃりました。そこから「久志備《くしび》の浜」と言うようになり、やがて久志《くし》というようになったそうです。

いろいろな角度で見る天橋立《あまのはしだて》

『丹後国風土記《たんごのくにふどき》』逸文《いつぶん》には、天橋立《あまのはしだて》の東の海を「与謝海《よさのうみ》」、西の海を「阿蘇海《あそのうみ》」と言うとあり、「二面海雑魚貝など住むが、蛤《はまぐり》は少ない。」と記述されています。

天橋立《あまのはしだて》は平安時代から和歌の歌枕や、絵画の画題として貴族に親しまれ、成相寺《なりあいじ》や智恩寺、籠《この》神社などと一体化した名所として、多くの参詣客を集めました。

江戸時代には、松島（宮城県）、宮島（広島県）とともに「日本三景」の一つとされ、日本を代表する景勝地となりました。

現在、天橋立《あまのはしだて》の周辺には、多くの眺望地点が知られ、傘松公園からの眺めは「斜め一文字」、文殊《もんじゅ》側のビューランドからの眺めは「飛龍観」、大内峠からの眺めは「一字観」として親しまれています。

天橋立《あまのはしだて》（傘松公園からの“斜め一文字”）

不老長寿の薬を求めてやってきた徐福《じょふく》伝説

徐福《じょふく》像（右）、蕪村筆「方士求不死薬図屏風《ほうしふしやくをもとむるのずびょうぶ》」（部分）〔施薬寺《せやくじ》所蔵〕

不老長寿の里・丹後

丹後には「不老不死」（年を取らず、いつまでも生き続けることができる）の伝承がたくさんあります。そのひとつが「徐福《じょふく》」です。徐福は中国の秦《しん》と呼ばれた国の方士《ほうし》（医学や天文学・兵法などに優れた学者）です。秦の始皇帝の「不老不死の妙薬を探して参れ」という命令に従って、三千人もの人を引き連れて日本を目指したと言われています。

伊根町は「徐福《じょふく》上陸の地」の一つで、新《に》井崎《いざき》神社があるあたりは、黒節のよもぎや菖蒲《しょうぶ》といった薬草が自生していました。不老不死の妙薬を探し当てた徐福《じょふく》ですが、その後、故郷に帰ることはありませんでした。

この土地でハシカが流行し、伊根の村でも多くの人が亡くなりました。村人が徐福《じょふく》の神を迎えたところ、救ってくださったという言い伝えがあります。進んだ技術や文化を持っていた徐福《じょふく》は村人に慕われ、そのまま村にとどまったと伝えられ、新井崎《にいざき》神社に祀《まつ》られています。

また、京丹後市丹後町や宮津市の栗田《くんだ》半島には、八百年も生きたと言われる「八百《やお》比丘尼《びくに》」の伝承があります。大久保家（京丹後市丹後町乗原《のんばら》）の娘は人魚の肉を食べて八百年生きたとされています。

京丹後市網野町木津には、田道間守《たじまもり》の伝承が伝えられます。田道間守は垂仁《すいにん》天皇の命令で不老不死に効くとされる非時《ときじく》の香菓《かぐのみ》を探しに常世《とこよ》の国に向かいます。苦労の末、ようやく持ち帰り、たどりついたのが網野町の木津《きづ》の浜で、非時《ときじく》の香菓《かぐのみ》は橘《たちばな》のことだと言われています。

丹後にはこのように不老長寿の物語がたくさん残っていますが、現代でも長寿の例があります。

京丹後市の木村次郎右衛門《きむらじろうえもん》さんは平成二五（二〇一三）年六月に一一六歳で亡くなりましたが、当時史上最長寿の男性としてギネス世界記録に認定されました。

新井崎《にいざき》神社（伊根町）

鬼退治と大江山

討伐伝承

丹後にはいくつかの鬼退治の伝承があり、古くは『古事記』や『日本書紀』に見られます。

『古事記』には、日子坐王《ひこいますおう》を丹波国に遣わして、玖賀耳御笠《くがみみのみかさ》を討伐させたとあります。また、『日本書紀』には十代崇神《すじん》天皇が北陸、東海、西海、丹波に四道《しどう》将軍を派遣しますが、その一人として丹波には丹波道主王《たにわのみちぬしのおう》を遣わしたと記されています。そこでは「もし従わない者がいれば、それを討て」と命じたとあり、この土地で討伐の伝承があることがわかります。

麻呂子親王《まろこしんのう》の鬼退治

丹後には麻呂子親王《まろこしんのう》が鬼退治をしたという物語も残っています。

麻呂子親王《まろこしんのう》とは、用明《ようめい》天皇の子どもで聖徳太子の弟（異母兄弟）です。三上ヶ嶽《みうえがだけ》（現在の大江山）ではえい古《こ》、軽足《かるあし》、土車《つちくるま》を首領とする鬼たちが暴れていました。そこで用明《ようめい》天皇は麻呂子《まろこ》親王《しんのう》と弟の塩干親王《しおぼししんのう》、松枝親王《まつえだしんのう》に鬼退治を命じます。親王《しんのう》たちは七仏薬師《しちぶつやくし》の法を修めて、兵を率いて征伐に向かいました。その途中で、老人に姿を変えた伊勢神と白い犬に出会います。その犬は頭に鏡をつけていたため、道案内として使うことにしました。

雲原《くもばら》村に着いた親王《しんのう》たちはここで、七体の薬師像を彫り、「鬼を退治できたら、この国に七つの寺を建てて、この仏を安置します」と願をかけました。それ以来、この土地を「仏谷」と呼ぶようになりました。

親王《しんのう》一行は鬼を追い詰めていきます。鬼たちは隠遁《いんとん》の術で姿を隠しますが、白い犬が持っていた鏡で照らして見つけられます。えい古《こ》、軽足《かるあし》は退治され、土車《つちくるま》は鬼の岩屋に封じ込められました。無事に鬼を退治した麻呂子親王《まろこしんのう》は、仏の加護に感謝して丹後国に七つの寺（左の地図）を建てたということです。この縁の七ヶ寺は時代とともに拡大し数が増えています。

この鬼退治の模様は、竹野《たかの》神社に残されている「斎宮大明神縁起《いつきのみやだいみょうじんえんぎ》」などに描かれています。

また、後ヶ浜にある立岩はとても大きな岩ですが、麻呂子親王《まろこしんのう》が投げて鬼を封じ込めたという言い伝えがあります。

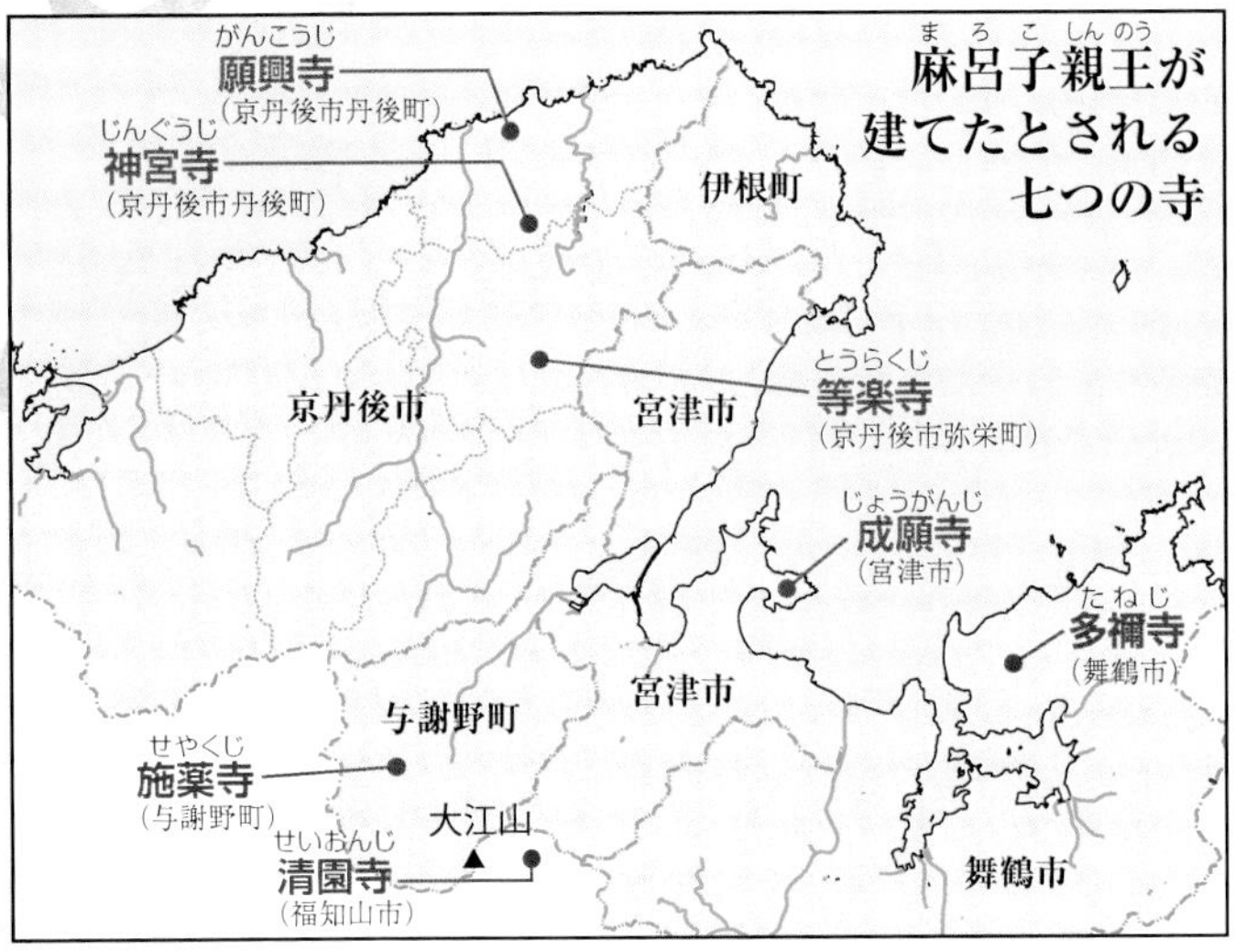
麻呂子親王《まろこしんのう》が
建てたとされる
七つの寺
願興寺《がんこうじ》
(京丹後市丹後町)
神宮寺《じんぐうじ》
(京丹後市丹後町)
伊根町
京丹後市
宮津市
等楽寺《とうらくじ》
(京丹後市弥栄町)
成願寺《じょうがんじ》
(宮津市)
多禰寺《たねじ》
(舞鶴市)
宮津市
与謝野町
施薬寺《せやくじ》
(与謝野町)
大江山
清園寺《せいおんじ》
(福知山市)
舞鶴市

『等楽寺縁起』より

斎宮大明神縁起《いつきのみやだいみょうじんえんぎ》〔竹野神社所蔵、京都国立博物館提供〕

大江山の酒呑童子《しゅてんどうじ》

一条天皇の世（平安時代）に丹後の大江山に、人々を悩ます酒呑童子《しゅてんどうじ》といわれる賊が出るというので、源 頼光《みなもとのよりみつ》とその家来に討伐の勅命が下ります。討伐のため丹後に向かった一行は、酒呑童子《しゅてんどうじ》の好きな酒をすすめ、酩酊《めいてい》したところを、名剣鬼切丸で切り、退治しました。

立岩（京丹後市丹後町後ヶ浜）

ここがポイント

丹後の地に鬼伝説が多いのはなぜでしょうか。大和王権にとってめざわりな勢力は征伐の対象として「鬼」として表現されたのではないかと考えられます。そして、鬼たちは最後まで丹後のために戦った豪族だったのかもしれません。

八人の天女のうち、一人だけ羽衣を隠された…彼女の運命は？

消えた羽衣

『丹後国風土記《たんごのくにふどき》』逸文《いつぶん》にある「羽衣伝説」には、八人の天女が登場します。

舞台は、丹後の国・丹波郡（京丹後市峰山町）の比治里《ひじのさと》です。比治山の頂《いただき》にある真奈井《まない》という池に八人の天女が舞い降りて水浴びをしていたところ、一人の天女の羽衣だけが見つかりません。和奈佐《わなさ》という老夫婦がこっそり隠してしまったのです。

天に帰れなくなった天女は、仕方なく和奈佐《わなさ》の子となっていっしょに暮らすようになりました。

万病に効く酒造りで恩返し

家に住まわせてごはんも食べさせてもらったお礼にと、天女は酒造りをしました。この酒が万病に効くと評判になり、和奈佐《わなさ》夫婦はお金持ちになります。しかし、夫婦は天女が自分たちの子ではなく、しばらくの間、仮に養っていただけなので家を出るように告げます。それを聞いて天女は天を仰ぎ嘆き悲しみます。

突然追い出されてしまった天女は、もう天に戻ることもできませんでした。泣きながら歩き回り、荒塩村《あらしお》（京丹後市峰山町荒山）、哭木村《なきき》（同市峰山町内記）を経て、船木の里の奈具村《なぐ》（同市弥栄町船木）にたどりつきました。

奈具社《なぐのやしろ》の神となる

奈具村《なぐ》についた天女は、「我が心、奈具《なぐ》しくなりぬ」（やっと心がおだやかになった）と、ここにとどまることにしました。この場所が奈具村《なぐ》で、天女は豊宇《とよう》賀能売命《かのめのみこと》として奈具社《なぐのやしろ》に祀《まつ》られたということです。

奈具《なぐ》神社（京丹後市弥栄町）

もうひとつの羽衣伝説

丹後には『丹後国風土記《たんごのくにふどき》』逸文《いつぶん》に登場する話とは別の羽衣伝説があります。舞台は京丹後市峰山町鱒留《ますどめ》の大路《おおろ》。三右衛門《さんねも》という若者が、池で水浴びをする八人の天女のうちの一人の羽衣をこっそり持ち帰ってしまいます。そして誰にも見つからないように、家の大黒柱に穴を開けて隠してしまいました。羽衣を失って天に帰れなくなった天女は、三右衛門《さんねも》の嫁になり里で暮らすことにしました。天女は酒造り、米造り、機織《はたお》りなども上手で、よく働きました。

家は豊かになり、三人の子どもにも恵まれましたが、天女は天が恋しくて仕方ありません。ある日、大黒柱に隠してあった羽衣を見つけました。

「七日七日にお会いしましょう」と言い残して天に帰りますが、あまのじゃくが「七月七日」と言いかえたために、三右衛門《さんねも》と天女は年に一度しか会えなくなりました。

天女の三人の子のうち、長女は、乙《おと》女《め》神社に、次女は、多久《たく》神社に、三女は、奈具《なぐ》神社に祀《まつ》られたと伝えられています。

乙女神社（京丹後市峰山町）

ここがポイント

今も、三右衛門《さんねも》と天女が出会う日にちなんで、日本各地で七夕《たなばた》祭りが行われています。

羽衣伝説を伝える磯砂山《いさなごさん》山頂のレリーフ（京丹後市峰山町）
豊受大神《とようけのおおかみ》が降臨したと伝えられる

多久神社（京丹後市峰山町）

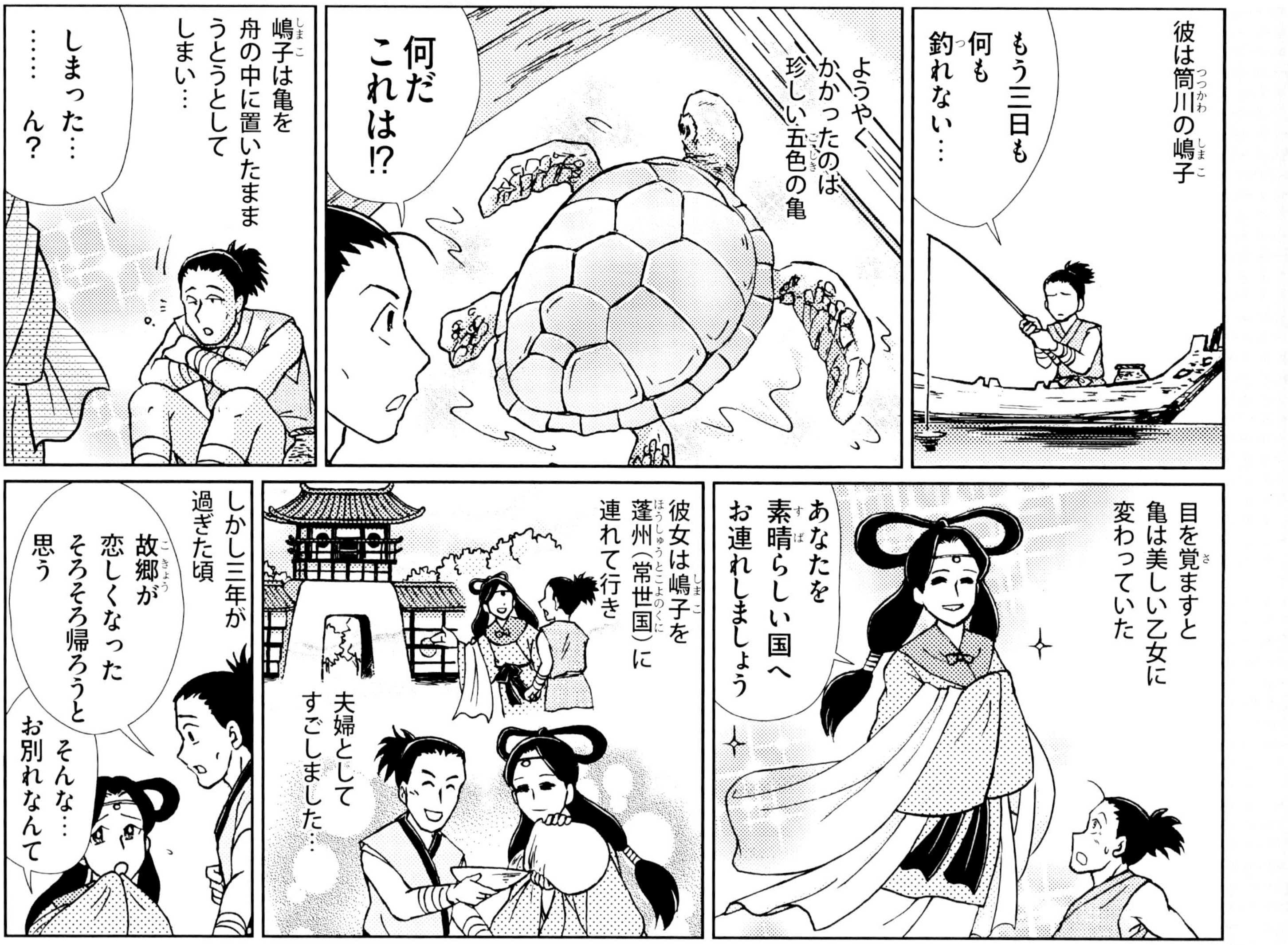

彼は筒川《つつかわ》の嶋子《しまこ》
もう三日も何も釣《つ》れない…
ようやくかかったのは珍しい五色《ごしき》の亀
何だこれは!?
嶋子《しまこ》は亀を舟の中に置いたままうとうとしてしまい…
しまった…… ん?
目を覚《さ》ますと亀は美しい乙女に変わっていた
あなたを素晴《すば》らしい国へお連れしましょう
彼女は嶋子《しまこ》を蓬州《ほうしゅう》（常世国《とこよのくに》）に連れて行き
夫婦としてすごしました…
しかし三年が過ぎた頃
故郷《こきょう》が恋しくなったそろそろ帰ろうと思う
そんな…お別れなんて

日本最古の「うらしま物語」

亀は実は美しい女性だった!

昔話で有名な「うらしま太郎」はいじめられていた亀を助けたところ、そのお礼にと亀に乗って海の底にある龍宮城《りゅうぐうじょう》に行く物語です。ところが『丹後国風土記《たんごのくにふどき》』逸文《いつぶん》に記されているのは、亀は実は美しい乙女だったというストーリーです。

与謝郡日置《ひおき》の里の筒川村に住んでいた嶋子《しまこ》が主人公です。嶋子《しまこ》は日下部《くさかべ》氏の祖先とされ、容姿が優れた美男子でした。ある日、舟に乗って釣りに出かけました。三日三晩何も釣れず、あきらめかけていたところ五色の亀がかかります。亀は嶋《しま》子《こ》が眠っている間に美しい乙女に姿を変えていました。

玉手箱を開けたら…

嶋子《しまこ》は乙女に連れられて、海のかなた常世の国に行き、そこで乙女は神女《おとひめ》であることを知ります。二人は夫婦となり楽しく暮らしました。あっという間に三年が過ぎ、嶋子《しまこ》は故郷が恋しくなってしまいます。神女《おとひめ》に別れを告げて筒川の里に戻ることにしました。別れぎわに神女《おとひめ》は嶋子《しまこ》に「玉手箱」を渡します。

龍穴〈伊根町〉。「龍宮に通じる穴」と言われています。

里に戻ったところ、風景は変わり、知っている人は誰もいません。三年だと思っていたのに実際は三百年も過ぎていたのです。神女《おとひめ》に会いたいと思った嶋子《しまこ》は、「開けてはいけない」と言われていた箱を開けてしまいます。中からは紫色のけむりが蘭の香をただよわせて立ち登り、常世の国の方へたなびきます。嶋子《しまこ》は、約束に背き、二度と会えないことを知って、振り返ってたたずみ、涙にぬれてあたりをさまよいました。これで嶋子《しまこ》は二度と神女《おとひめ》とは会えなくなってしまったのです。

浦嶋神社（宇良《うら》神社）（伊根町）

もうひとつの「うらしま伝説」

『丹後国風土記《たんごのくにふどき》』逸文《いつぶん》が告げる「うらしま伝説」は、伊根町と網野町に伝説が

また、私に会いたいと思われるなら決してこの箱を開けないで下さい
わかった…約束するよ
こうして女から箱をうけとり嶋子《しまこ》は故郷へ戻った
久しぶりに帰った筒川《つつかわ》の里しかし嶋子を知る人は一人もいなかった
誰？
嶋子《しまこ》？知らんな
実は三年ではなく三百年もの時がたっていたのだ
一体どうなっているんだ…
動揺《どうよう》した嶋子《しまこ》は手にしていた箱を開けてしまった
開けてはいけないといわれていた箱
この瞬間 嶋子《じまこ》はもう彼女とも会えなくなってしまったと悟《さと》った
「水の江の浦嶋の子が玉匣《たまこばこ》あけずありせばまた会わましを」

色濃く残されています。

それは、京丹後市網野町が舞台です。京丹後市網野町には島児《しまこ》神社、網野神社、六神社などで浦嶋子《うらしまこ》を祀《まつ》っています。島児《しまこ》神社沖の福島には、乙姫を祀った西浦福島神社があり、乙姫と嶋子《しまこ》がはじめて出会ったロマンスの島といわれています。また、嶋子《しまこ》が釣りをし、得た魚を溜めておいたという「釣溜《つんだめ》」などが残されています。

網野町の伝承は次のようなものです。嶋子《しまこ》が龍宮から帰ってきて玉手箱を開けたところ、老人になってしまう話になっています。怒り悲しんだ嶋子《しまこ》は、自分の顔の皺《しわ》をとって榎《えのき》に投げつけたために、幹が皺《しわ》だらけになったという伝説があります。網野銚子山古墳の墳丘裾には、浦《うら》嶋子《しまこ》の館跡と称する地があり、その一隅に「皺《しわ》榎《えのき》」が残されていました。

浦嶋明神縁起（浦嶋神社所蔵）

島児《しまこ》神社（京丹後市網野町）

玉櫛笥《たまくしげ》（浦嶋神社所蔵）

皇妃となった丹後の姫たち

大縣主由碁理《おおあがたぬしゆごり》の娘、竹野比売《たかのひめ》

『古事記』を見ると、第九代開化天皇の妃に丹後の姫があがっており、「旦波《たには》の大《おお》縣主《あがたぬし》、名は由碁理《ゆごり》の女《むすめ》、竹野比売《たかのひめ》を娶《めと》りて、生みませる御子《みこ》、比古由牟須美命《ひこゆむすみのみこと》」とあります。

また、『日本書紀』の一伝として比古由牟須美命《ひこゆむすみのみこと》の子に丹波道主命《たにはのみちぬしのみこと》とあります。さらに、丹波道主命《たにはのみちぬしのみこと》には、朝廷別王《みかどわけのみこ》という皇子がいたことが『古事記』に書かれています。それらを考慮すると、この丹後の地に「由碁理《ゆごり》—竹野比売《たかのひめ》の兄弟—比古由牟須美命《ひこゆむすみのみこと》—丹波道主命《たにはのみちぬしのみこと》—比婆須比売《ひばすひめ》の兄弟朝廷別《みかどわけの》王《みこ》」と五代にわたる男系タテ系図が復元できます。この間に、大和王権の外戚となるほどの力を持つ勢力があったと言えます。

また、地域の首長縣主《あがたぬし》の中でも「大」のつく「旦波《たには》の大縣主《おおあがたぬし》」と記された当時の丹後（丹波）の勢力は、相当の力を持っていたと推測されます。

ファーストレディとなった丹後の日葉酢媛《ひばすひめ》と姉妹たち

また第一一代垂仁《すいにん》天皇の条には、京丹後市久美浜町を根拠地にした河上摩須郎女《かわかみのますのいらつめ》と丹波道主命《たにはのみちぬしのみこと》が結婚して、多くの姫が生まれます。この姉妹全員が、垂仁《すいにん》天皇の妃となり、日葉酢媛《ひばすひめ》は皇后となります。『日本書紀』の垂仁《すいにん》天皇の条では、日葉酢媛《ひばすひめ》は、三男二女を生み、そのうち一人は、後の景行《けいこう》天皇となり、倭比売命《やまとひめのみこと》は伊勢の斎王《さいおう》となることが記されています。

丹後には、古代にファーストレディとなった姫がいたのです。名前、人数は諸伝によりさまざまですが、たくさんの伝承があるということは、古代の丹後が日本の歴史にとって重要な地であったということを表しています。

丹波道主命《たにはのみちぬしのみこと》の女《むすめ》「浄《きよ》き公民《たみ》なり」

丹後の姉妹が后妃になった理由は『古事記』『日本書紀』に書かれています。実は、垂仁《すいにん》天皇の先の妃であった沙本毘売《さほひめ》が推薦したのです。

沙本毘売《さほひめ》は、兄の沙本毘古《さほひこ》から垂仁《すいにん》天皇を殺すように言われますが果たせず、とうとう兄と共に炎の中で死にます。その時、垂仁《すいにん》天皇は沙本毘売《さほひめ》に「次に誰を妃とすればよいのか」と問います。そこで、沙本毘《さほひ》売《め》は「旦波比古多多須美智能宇斯王《ちのうしのみこ》（丹波《たにはの》道主命《みちぬしのみこと》のこと）の女《むすめ》、名は兄比売《えひめ》、弟比《おとひ》売《め》、浄《きよ》き公民《たみ》なり。使ひたまふべし」と答えるのです。

『日本書紀』では、「志並びに貞潔」とあり、丹後の姫が、優れた良い人であることが書かれています。

また、古代日本の表玄関で、文化受容の窓口であった丹後王国に残るこうした后妃伝承は、その力の大きさを物語っていると考えられます。

ヒバスヒメの姉妹たち

①『古事記』開化天皇の条

丹波比古多多須《たにはのひこたたす》美知能宇斯王《みちのうしのみこ》 ＝ 丹波之河上之摩須郎女《たにはのかわかみのますのいらつめ》

- 比婆須比売命《ひばすひめ》
- 真砥野比売命《まとのひめ》
- 弟比売命《おとひめ》
- 朝廷別王《みかどわけのみこ》

②『古事記』垂仁《すいにん》天皇の条（后妃皇子の条）

旦波比古多多須《たにはのひこたたす》美知能宇斯王《みちのうしのみこ》

- 氷羽州比売命《ひばすひめ》
- 沼羽田之入毘売命《ぬわたのいりひめ》
- 阿邪美能伊理毘売命《あざみのいりひめ》

③『古事記』垂仁《すいにん》天皇の条（后妃推せんの条）

旦波比古多多須《たにはのひこたたす》美知能宇斯王《みちのうしのみこ》

- 兄比売《えひめ》
- 弟比売《おとひめ》

④『古事記』垂仁《すいにん》天皇の条（垂仁《すいにん》天皇婚姻の条）

美知能宇斯王《みちのうしのみこ》

- 比婆須比売命《ひばすひめ》
- 弟比売命《おとひめ》
- 歌凝比売命《うたごりひめ》
- 円野比売命《まとのひめ》

（歌凝比売命・円野比売命）二人は本国に帰した

⑤『日本書紀』垂仁《すいにん》天皇の条

丹波道主王《たにはのみちぬしのおほきみ》

- 日葉酢媛《ひばすひめ》
- 渟葉田瓊入媛《ぬはたにいりひめ》
- 眞砥野媛《まとのひめ》
- 薊瓊入媛《あざみにいりひめ》
- 竹野媛《たかのひめ》……本国に帰した

ここがポイント

『古事記』『日本書紀』に出てくる姫は人数も名前もいろいろです！

国宝『海部《あまべ》氏系図』

　日本三景の一つ、天橋立《あまのはしだて》の北側に、丹後国一の宮籠《この》神社が鎮座し、日本最古級の竪《たて》系図とされる『海部《あまべ》氏系図』（本系図）（平安時代前期）が所蔵されています。これは、約千二百年余の間、「他見《たけん》許さず」と秘して守られてきたもので、昭和五一（一九七六）年に『海部氏勘注系図《あまべしかんちゅうけいず》』（江戸時代）を附《つけたり》として国宝に指定されました。

丹後国印の押された本系図

　この本系図には、「丹後国与謝郡、従四位下《じゅしいげ》、籠名神《このみょうじん》はじめより今に斎《いつ》き奉《まつ》るところの祝部《はふりべ》として仕《つか》え奉《まつ》る海部《あまべ》の直《あたい》等の氏」と表記されています。海部《あまべ》氏が「従四位下《じゅしいげ》」になった時を調べてみると、貞観《じょうがん》一三（八七一）年から元慶《がんぎょう》元（八七七）年一二月までの間で、本系図はその時期に書かれたと考えられます。

　また、『海部《あまべ》氏系図』には、記された人名の一つ一つに「丹後国印《たんごこくいん》」が押印されています。押印は全部で二八個あり、海部《あまべ》氏が作製して丹後国庁に納めたものであることがわかります。つまり、これは単なる私的な系図ではなく、公に認められたものということが言えます。

　さらにこの本系図は、父、子、孫といった直系のみを記す父子相続の形を表しています。人名の上には、「三世孫」「孫」「児」という続柄の表し方をしており、日本の系図の記し方の原点をたどれる点において一級史料と言えるものです。

　大化改新以降の部分は、祝部《はふりべ》としての執務についた年代が記録されており、律令時代における海部《あまべ》氏の役割を確認することができます。

海人《あま》一族が活躍した時代

　『海部《あまべ》氏系図』に記された人名は、「彦火明命《ひこほあかりのみこと》」から始まり、「倭宿祢命《やまとすくねのみこと》」「健《たけ》振熊宿祢《ふるくまのすくね》」とあるように、「命《みこと》」「宿祢《すくね》」の名称が書かれています。ところが、応神《おうじん》天皇の時、海部直《あまべのあたい》の姓《かばね》を賜って以降は「海《あま》部直《べのあたい》」となっています。直《あたい》は大和王権が地方の豪族に与えた姓で、このころから海部《あまべ》氏は大和王権の支配下に置かれたのではないかと考えられます。

　時代の流れで立場は変わりますが、古代《あま》から丹後の海を舞台に活躍した海人《あま》達を海《あま》部《べ》氏が統括していたようです。そして、海《あま》部直《べのあたい》となり国造《くにのみやつこ》として丹後を治めるようになったのではないでしょうか。

　古来より丹後の海を舞台にした漁などの生業によって得た知識と航海技術は、遠近の沿岸諸地域との交流・交易活動に役立ったと考えられ、海人《あま》族は丹後の政治・経済の発展・飛躍にとって重要な存在であったことがわかります。

　さらに、海部《あまべ》氏は大和政権の官職である国造の「海部直《あまべのあたい》」となり、同じく国造の「丹波直《たんばのあたい》」らと丹後の政治を治め、社会を発展させていったと考えられます。

日本でも数少ない「伝世鏡《でんせいきょう》」

　籠《この》神社には代々伝わる二つの鏡があります。その特徴から、大きな方は長宜子孫内《ちょうぎしそんない》行花文鏡《こうかもんきょう》と呼ばれる中国の後漢時代前半期の作で、中国から伝来したものと考えられます。小さい鏡は中国前漢時代晩期のもので、昭明鏡《しょうめいきょう》と呼ばれます。いずれも日本国内での出土数は少なく、そのほとんどが古墳などからの出土品ですが、籠《この》神社にあるのは神社に伝わる貴重な鏡です。

　籠《この》神社所蔵の『海部氏勘注系図《あまべしかんちゅうけいず》』には、「辺津鏡《へつかがみ》・息津鏡《おきつかがみ》」が天祖より授けられた神宝であると記されています。この伝世《でんせい》鏡《きょう》がそれに該当するのかも知れません。

国宝『海部《あまべ》氏系図』（本系図）〔籠《この》神社所蔵〕

神宝、辺津鏡《へつ》
（内行花文昭明鏡、直径 9.5cm）
〔籠《この》神社所蔵〕

神宝、息津鏡《おきつ》
（長宜子孫内行花文鏡、直径 17.5cm）
〔籠《この》神社所蔵〕

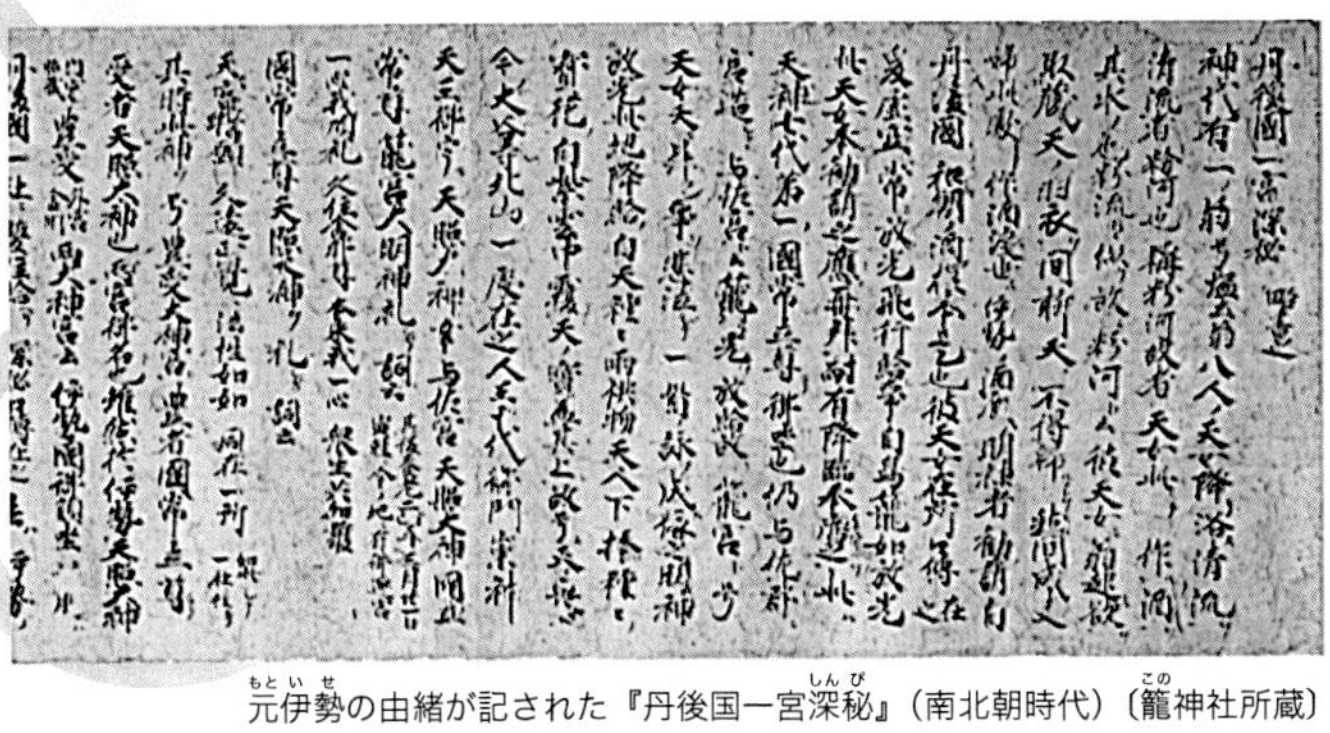

元伊勢《もといせ》の由緒が記された『丹後国一宮深秘《しんぴ》』（南北朝時代）〔籠《この》神社所蔵〕

丹後・元伊勢《もといせ》伝承はこうして生まれた

元伊勢《もといせ》伝承とは

丹後には

伊勢に詣《まい》らば　元伊勢《もといせ》詣れ
元伊勢《もといせ》　お伊勢のふるさとじゃ
伊勢の神風《かみかぜ》　海山越えて
天の橋立　吹き渡る

という民謡があります。

伊勢神宮（三重県）の内宮に天照大神《あまてらすおおみかみ》、外宮《げぐう》に豊受大神《とようけのおおかみ》が祀《まつ》られています。神宮関係の資料である『止由気宮儀式帳《とゆけぐうぎしきちょう》』（八〇四年成立）によると、雄略《ゆうりやく》天皇の時代に天照大神《あまてらすおおみかみ》が天皇の夢に現れ、「高天原《たかまがはら》からこの地に鎮まったが、朝夕の大御饌《おおみけ》（食事）を安らかにとることができない。そこで丹後国の比治《ひじ》の眞奈井《まない》にいる大御食津神《おおみけつのかみ》である豊受大神《とようけのおおかみ》（等由《とゆ》気大神《けおおかみ》）を自分の元に呼び寄せてほしい」とお告げしたとあります。そこで天皇は丹後から豊受大神《とようけのおおかみ》を伊勢に遷したとしています。

現在、伊勢で祀《まつ》られている豊受《とようけの》大神《おおかみ》が、もともとは丹後の神である ことを伝えているのが元伊勢《もといせ》伝承です。

籠《この》神社（宮津市）

真名井《まない》神社（宮津市）

元伊勢信仰の成立

鎌倉時代に書かれた『倭姫命世紀《やまとひめのみことせいき》』には、「崇神《すじん》天皇三九年三月三日に天照大神《あまてらすおおみかみ》を倭国《やまと》の笠縫邑《かさぬいむら》より丹後（丹波国）の吉佐宮《よさのみや》に遷宮され、四年間ここでお祀《まつ》りしたが、この時、豊受介神《とようけのかみ》が天降ってお迎えした」とあります。

籠《この》神社の『丹後国一宮深秘《たんごのくにいちのみやしんぴ》』（南北朝時代）には、「伊勢の根本は丹後一宮與佐社《よさのやしろ》なり」、また「雄略天皇の御宇……丹後国与佐宮を山田原に遷し奉る」とあり、籠《この》神社が「吉佐宮《よさのみや》」であったと考えられます。

また『倭姫命世紀《やまとひめみことせいき》』には、雄略《ゆうりやく》天皇の時代に「丹波国与佐之小見比沼の魚井之原《たにはのくによさのをみひぬまないのはら》にいる丹波道主王《たんばみちぬしおう》の子、八乎止女《やをとめ》が斎《いつ》き奉る豊受大神《とようけのおおかみ》を伊勢に遷《うつ》した」とあり、少なくとも中世には元伊勢《もといせ》伝承が成立していたことがわかります。

幕末に伊勢神宮への「おかげ参り」が盛んになると、元伊勢として信仰を集めていた籠《この》神社、真名井《まない》神社（ともに宮津市）にも、集団で参詣客が相次ぎました。前記の民謡も、こうした中で生み出されたものかもしれません。

笑原《やはら》神社（舞鶴市）

各地で祀《まつ》られる豊受大神《とようけのおおかみ》

丹後の神社を調べてみると、まさに豊《とよ》受大神《うけのおおかみ》の国と言えるほど、各地の神社に豊受大神《とようけのおおかみ》が祀《まつ》られています。

籠《この》神社や奥宮真名井《おくみやまない》神社（ともに宮津市）、比沼麻奈爲《ひぬまない》神社（京丹後市峰山町）、藤社《ふじこそ》神社（京丹後市峰山町）、奈具《なぐ》神社（京丹後市弥栄町）、豊受大神社《とようけのだいじんじゃ》（福知山市）、笑原《やはら》神社（舞鶴市）などがあげられます。

藤社《ふじこそ》神社（京丹後市峰山町）

比沼麻奈爲《ひぬまない》神社（京丹後市峰山町）

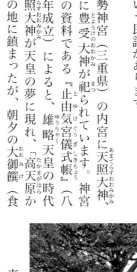

第3部

遺跡が語る丹後王国

ニゴレ古墳出土の鉄の甲冑《かっちゅう》
〔京都大学総合博物館所蔵〕

日本海は荒海と言われますが、丹後の海岸沿いには、今の久美浜湾のような「潟湖《せきこ》」と呼ばれる浅い入江がありました。そこは波がおだやかな良い港として、日本各地や大陸をつなぐ拠点となりました。

丹後の各地に残る遺跡や古墳などからは当時の暮らしぶりがうかがえます。その中には水晶の工房や、わが国で最古級の製鉄遺跡などがあり、高度な技術を有していたことがわかります。

その背景には朝鮮半島や中国大陸との交流があり、鉄やガラスを入手していたと考えられます。大和王権にとって丹後は大きな存在だったようで、その証《あか》しに「日本海三大古墳」と呼ばれる巨大古墳が丹後に築かれました。

そこに眠る王とは？　大陸との関わりは？　遺跡から何が見えるのか、探ってみましょう。

神明山古墳（京丹後市丹後町）ごしに日本海を望む。たんぼあたりまで潟湖《せきこ》だった。〔梅原章一撮影〕

潟湖《せきこ》を通じて大陸と交流

良港を活かして外交

丹後には縄文時代から人が住んでいました。平《へい》遺跡（京丹後市丹後町）、浜詰《はまづめ》遺跡（同網野町）、函石浜《はこいしはま》遺跡（同久美浜町）などから縄文土器や当時の石器が見つかっています。浜詰《はまづめ》遺跡からは竪穴住居が発見され、復元された古い事例として有名です。

丹後をはじめとする日本海沿岸には「潟湖《せきこ》」と呼ばれる浅い入江が存在し、舟が着きやすいため、港として発達しました。

浦入《うらにゅう》遺跡（舞鶴市）から約五三〇〇年前の丸木舟が、ニゴレ古墳（京丹後市弥栄町）からは舟形の埴輪《はにわ》が出土しています。このような舟で航海をしたのでしょう。

弥生時代の丹後では、中国大陸や朝鮮半島で製作された可能性がある鉄器が見られます。また、墓に副葬された多量のガラス玉は、原料を中国大陸や朝鮮半島から入手したと考えられ、大陸との交流を物語っています。

ほかにも函石浜《はこいしはま》遺跡（京丹後市久美浜町）からは、「貨泉《かせん》」という中国の新王朝時代（八～二三年）の貨幣が見つかり、海に面した交流の拠点として注目されます。

▲5300年前の縄文時代丸木舟（浦入《うらにゅう》遺跡・舞鶴市）

▲舟形埴輪《はにわ》（ニゴレ古墳出土）〔京都大学総合博物館所蔵〕

日本最古の年号が刻印された鏡

古墳時代中期前半の古墳である大田南五号墳（京丹後市峰山町・弥栄町）から「方《ほう》格規矩四神鏡《かくきくししんきょう》」という銅鏡が出土しました。中国の魏《ぎ》の年号である「青龍《せいりゅう》三年」という文字が記されており、青龍《せいりゅう》三年は西暦二三五年に当たります。倭国王の卑《ひ》弥呼《みこ》が二三九年に魏《ぎ》に使いを送った際に持ち帰ったものではないかという説もあります。鏡に記された年号としては日本最古の貴重なものです。

潟湖《せきこ》の様子を今に伝える久美浜湾▼

中国の新の時代の貨泉（函石浜《はこいしはま》遺跡出土）〔京都大学総合博物館所蔵〕

陶塤《とうけん》（土笛の一種）　中国で始まったもので、日本国内で100個ほどしか見つかっていないが、そのうちの5個が丹後で出土した。北部九州から山陰に点在し、日本海ルートの交流を物語る。

青龍《せいりゅう》三年銘方格規矩四神鏡《ほうかくきくししんきょう》と「青龍《せいりゅう》三年」部分（大田南5号墳）

最先端だった丹後のものづくり

きらめく水晶・ガラス・鉄

丹後の遺跡からは当時の日本でも珍しい鉄器やガラス、水晶が出土しています。そのころから高度なものづくりが盛んだったことを示しています。

日本で最大・最古の水晶製玉作り工房

奈具岡《なぐおか》遺跡（京丹後市弥栄町）からは、弥生時代の水晶の玉作り工房が九六基見つかりました。原料となる水晶の原石から製品になる過程を復元することができます。また、水晶を加工する針状の道具などが数千点も出土しています。この水晶製玉作り工房は日本で最も古く、しかも規模は日本最大です。

水晶はとても硬い石で、その加工には、高度な技術や道具が必要でした。弥生時代の日本列島では水晶玉の出土は少なく、奈《な》具岡《ぐおか》遺跡の水晶玉は朝鮮半島への交易品だった可能性も指摘されています。

奈具岡《なぐおか》遺跡各工程での水晶〔京都府所蔵、公益財団法人京都府埋蔵文化財調査研究センター保管、出合明撮影〕

左坂《ささか》墳墓群出土　ガラス玉

大量のガラス玉が出土

三坂《みさか》神社墳墓群や左坂《ささか》墳墓群（どちらも京丹後市大宮町）、大山墳墓群（京丹後市丹後町）など弥生時代の墳墓からは、大量のガラス玉が出土しました。これらには首飾りや頭飾りに使われたものもあり、多いものでは一つの棺《ひつぎ》から約六〇〇個もの青い小さなガラス玉が出土しています。

遺跡からは、カリガラスや鉛ガラスといった当時の日本では生産できないガラス成分が見つかりました。海外から入手したガラスを丹後で加工していたこともわかっています。こうしたことから、当時すでに高度な技術を有していたことがうかがえます。

当時の全国のガラスの出土数を見ると、長崎、佐賀、京都が一万点以上で、中でも丹後と北部九州が密度で群を抜いています。

また、赤坂今井墳墓（京丹後市峰山町）から出土したガラス管玉には、当時の中国大陸で使用された顔料（塗料）の「漢青《かんせい》（ハンブルー）」が使われていました。これは国内でも数例しか発見されておらず、当時の丹後が大陸と交流があったことがわかります。

豊富な鉄

丹後の弥生時代の墳墓からは多量の鉄製品が出土します。出土量は北部九州に次ぐ量です。

このように、優れた技術や豊かな資産を持ち、大陸にも近い丹後には有力な豪族がいたと考えられます。

日本最古級の製鉄遺跡

遠處《えんじょ》遺跡（京丹後市弥栄町）では、六世紀後半の製鉄の工房が見つかり、わが国でも最古級の大規模な製鉄遺跡とされています。この遺跡には製鉄炉や鍛冶炉の跡、木炭窯の跡などがあり、古代丹後の進んだ技術を物語っています。また、製造に使う道具も出土しています。

当時、鉄製品は武器や農具として貴重な物でした。それらを大量に生産した丹後は、工業先進地だったと言えます。

遠處《えんじょ》遺跡〔公益財団法人京都府埋蔵文化財調査研究センター提供〕

三坂神社３号墓出土の鉄製品

弥生時代前半《やよいじだいぜんはん》
この頃 ムラは稲作《いなさく》のために河口《かこう》など水のある低地《ていち》にできました
次第《しだい》に人が増え土地が足りなくなると川の中流域《りゅういき》に移り、高所《こうしょ》にムラが造られます
ムラの周囲《しゅうい》には泥棒《どろぼう》や外敵《がいてき》の侵入を防ぐために柵《さく》や濠《ほり》が作られます
こちらは扇谷遺跡《おおぎだにいせき》
幅6m 深さ4mの溝を二重に掘《ほ》ってあるのよ
6M
4M
土木工事の道具も見つかっています

ムラからクニへ

弥生時代前・中期

水稲《すいとう》耕作が広まる

弥生時代は、各地に大陸から伝わった水稲耕作が広まります。日本海沿岸では、青森県などで弥生時代前期の水田が見つかり、東海や関東に先がけて稲作が始まりました。

丹後では弥生時代の初頭にさかのぼる遺跡は未発見ですが、潟湖《せきこ》に面した竹野遺跡（京丹後市丹後町）や内陸部の蔵《くら》ヶ《が》崎《さき》遺跡（与謝野町）で弥生時代前期の遺跡が見られます。このうち蔵《くら》ヶ《が》崎《さき》遺跡では水路が見つかり、水稲の始まりを示すと考えられています。

環濠《かんごう》集落の出現

弥生時代前期も後半になると、人々は高台に住み、ムラができていきました。扇谷《おおぎだに》遺跡（京丹後市峰山町）では周囲を深さ四mもある深い濠がめぐらされています。断面がV字になり、それが二重に掘られた環濠《かんごう》集落で、外部からの敵を防ぐためと考えられています。この濠からは多量の弥生土器のほかに陶塤《とうけん》（土笛）や鉄製品、ガラス原料、玉作り関連の資料などが出土しています。

扇谷《おおぎだに》遺跡の環濠《かんごう》（京丹後市峰山町）

王の成長

弥生時代の中期後半には墳丘（盛り土）の周囲に石を貼りつける方形貼石墓《ほうけいはりいしぼ》が出現します。

日吉ヶ丘遺跡一号墓（与謝野町）では、三二m×二〇mの方形貼石墓《ほうけいはりいしぼ》が見つかり、その規模は当時としては日本最大級です。また、木棺からは六七七点以上の管玉が出土しました。この管玉は直径が二㎜と細く、高度なものづくり技術があったことがうかがえます。

墓の大きさや副葬品に格差がみられ、王の成長を示すと考えられます。

丹後独特の台状墓《だいじょうぼ》

弥生時代後期には台状墓《だいじょうぼ》が出現します。左坂墳墓群《ささかふんぼぐん》（京丹後市大宮町）では、丘陵地に一六〇基もの墓穴が確認されました。台状墓《だいじょうぼ》は丹後を中心とした独自のもので、中国大陸に由来する素環頭鉄刀《そかんとうてっとう》や、多量のガラス玉が副葬され、大陸との交流を物語っています。

また、棺の周囲にはいくつもの割れた器の破片などが見つかりました。これは土器を割って葬る「墓壙内破砕土器供献儀礼《ぼこうないはさいどききょうけんぎれい》」といわれる丹後・但馬に特徴的な葬送儀礼です。

素環頭鉄刀《そかんとうてっとう》
〈三坂神社３号墳、京丹後市大宮町〉

日吉ヶ丘遺跡１号墓（与謝野町）の方形貼石墓《ほうけいはりいしぼ》

日吉ヶ丘遺跡１号墓　水銀朱と管玉

三坂神社３号墓の墓壙内破砕土器供献の様子

弥生時代後期《やよいじだいこうき》
この頃になると海を渡《わた》り遠い国と交易《こうえき》することもさかんになります
王様の船だ！
われらの王様が帰って来たぞ！
おみやげだよ
自国で採《と》れた物や造った物を他国の品々と交換していました
丹後は良い鉄の素材《そざい》が手に入りどこの国に行っても喜ばれる
これはわが国のすばらしい宝だ！

王墓の出現

弥生時代後期

他国と交易をした王の墓

弥生時代後期後半には、長大な舟形木棺を納めた台状墓《だいじょうぼ》が出現し、「王墓」と評価されています。

大風呂《おおぶろ》南一号墓（与謝野町）は長さは二七m、幅一八mの台状墓《だいじょうぼ》です。舟形木棺の中からは青く透き通ったガラスの釧《くしろ》（腕輪）をはじめ、一一振の鉄剣、一三個の銅の釧《くしろ》など他の地域には数少ない物が多数見つかりました。ガラス釧《くしろ》は全国でも出土例が少ない珍しいものですが、大風呂《おおぶろ》南一号墓で出土したものは断面が五角形をしており、日本では一点だけの貴重な物です。また、銅釧《くしろ》は北部九州の遺跡から出土することが多いものであることから、日本海を通じて九州と交易をしていた有力者であることがわかります。

大風呂《おおぶろ》南一号墓は小高い丘の上にあり、阿蘇《あそ》海を見下ろすことができます。ここに埋葬された王は、九州や朝鮮半島と交易を深めた海を見ながら眠っていたのかも知れません。

ガラス釧《くしろ》

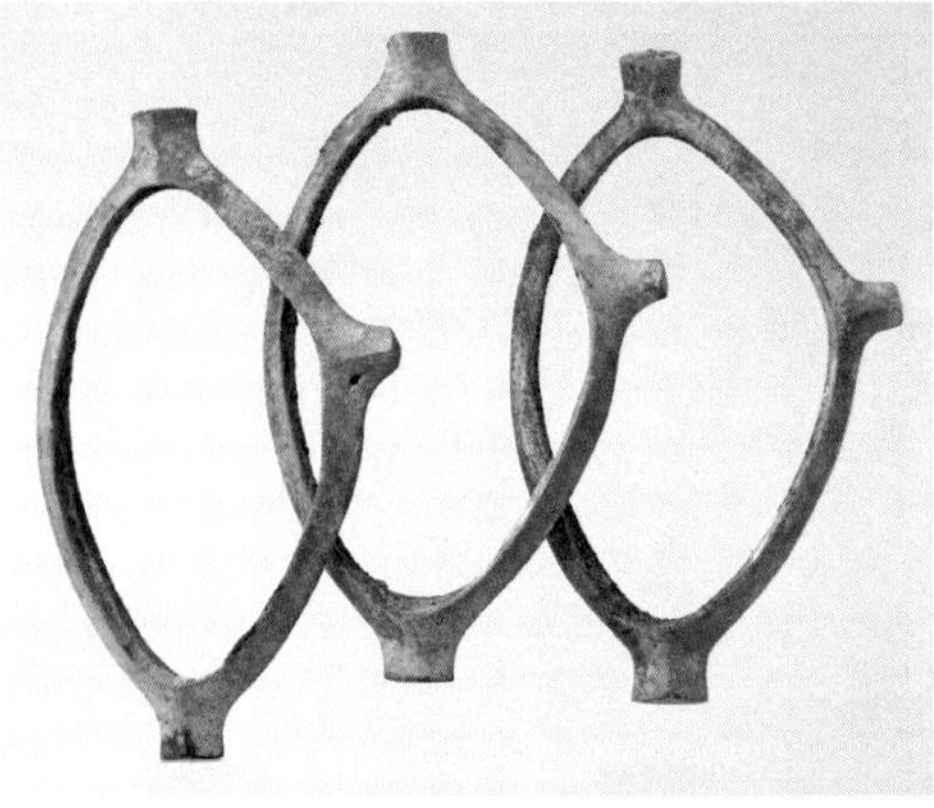
銅釧《くしろ》

大風呂《おおぶろ》南1号墓全景。阿蘇《あそ》海が眼下にひろがる。

豪華な頭飾りをつけた王の姿

赤坂今井墳墓（京丹後市峰山町）は弥生時代後期末の墳墓です。東西三六m、南北三九m、高さ三・五mの台状墓で、当時の弥生墳墓としては日本でも最大級の大きさを持つものです。

中心の第一埋葬部は墓穴は長さ一四m、

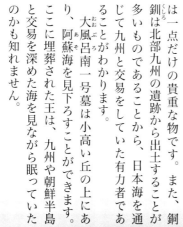

俺たちがつくった鉄の道具が評判《ひょうばん》だそうだ
がんばって良いものを作ろうぜ
王様が外交《がいこう》をして下さるおかげでクニがどんどん豊かになるわ
異国《いこく》から来た実だぞ！
そして時がたち王様が亡くなると—
クニのためにがんばってくれた方が…
残された人々は王の大きな墓をつくり
中には大切な宝物を埋めたのです

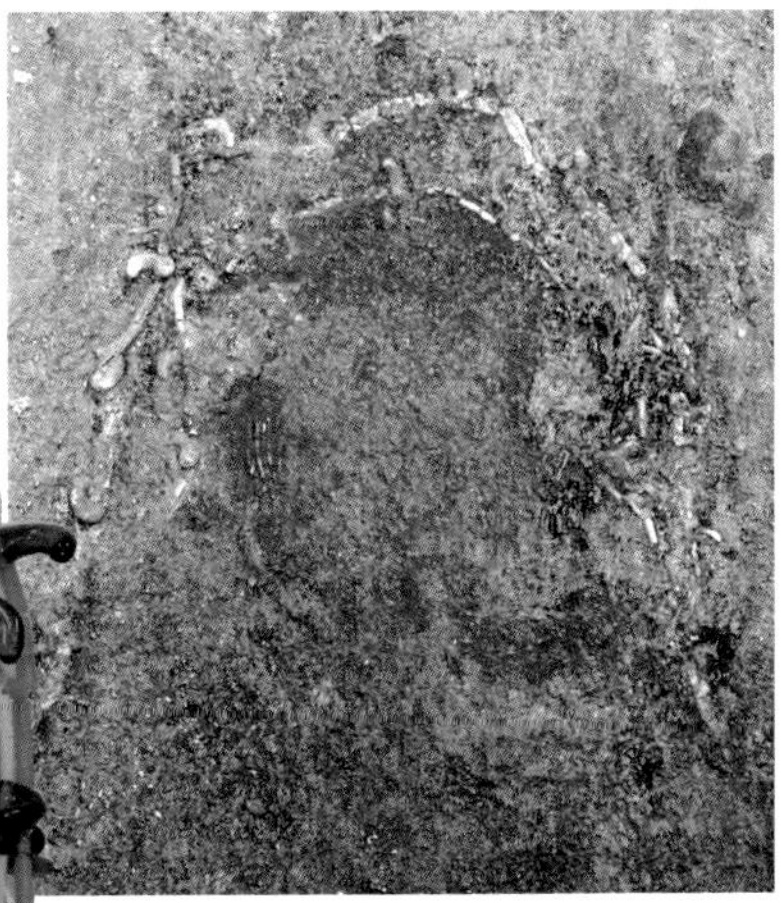

被葬者の頭部付近の赤色顔料は水銀朱と判明している。頭頂部にはガラス管玉やガラス勾玉などの三連の玉飾りが、両耳の位置には細身のガラス管玉とガラス勾玉《まがたま》を連ねた耳飾りが発見された

赤坂今井墳墓（京丹後市峰山町）の全景

頭飾りの復元品

幅一〇・五mの巨大なものです。二番目に大きな第四埋葬部には舟形木棺が納められ、中は真っ赤な水銀朱が塗られていました。

副葬品として、ガラスの勾玉《まがたま》やガラス管玉などを三重に組み合わせた豪華な頭飾りが副葬されていました。青いガラス玉には、中国の秦《しん》の始皇帝陵の兵馬俑《へいばよう》に使われたのと同じ「漢青《かんせい》」（ハンブルー）という人工顔料が使用されています。

また、日本各地の土器も見つかっていて、広い範囲での交流と王の活躍を見ることができます。

古墳時代
いよいよ古墳時代の幕開けです！
各地の王は大きな墓を造りました
中には何年もかかる大がかりなものもあったのよ
王が亡くなられてしまった
他国に負けぬ立派な墓を造らねば
王の墓を造るぞ
ムラごとに作業を手分けして始めよう
多くの人でいろいろな仕事を分担《ぶんたん》しました

巨大古墳の時代

古墳時代

日本海三大古墳

古墳時代になると丹後でも、数多くの古墳が作られました。

なかでも蛭子山《えびすやま》一号墳（与謝野町）は長さが一四五m、神明山《しんめいやま》古墳（京丹後市丹後町）が一九〇m、網《あみ》野銚子山《のちょうしやま》古墳（京丹後市網野町）は一九八mと大きく、日本海三大古墳と呼ばれています。これだけ大きな古墳は日本海沿岸ではほかにはなく、丹後に王がいた証《あか》しではないかと考えられています。

これらの古墳の墳丘は三段になっていて、斜面は葺石《ふきいし》が積まれています。ある研究によると、丹後でもっとも容量の大きな網野銚子山《あみのちょうしやま》古墳を作るには、九一万三六九一人もの労働力が必要との試算が出ています。一日あたり一千人が働いたとし

▲神明山《しんめいやま》古墳（京丹後市丹後町）

▼蛭子山《えびすやま》１号墳（与謝野町）

潟湖《せきこ》を眼下に望む網野銚子山《あみのちょうしやま》古墳（京丹後市網野町）

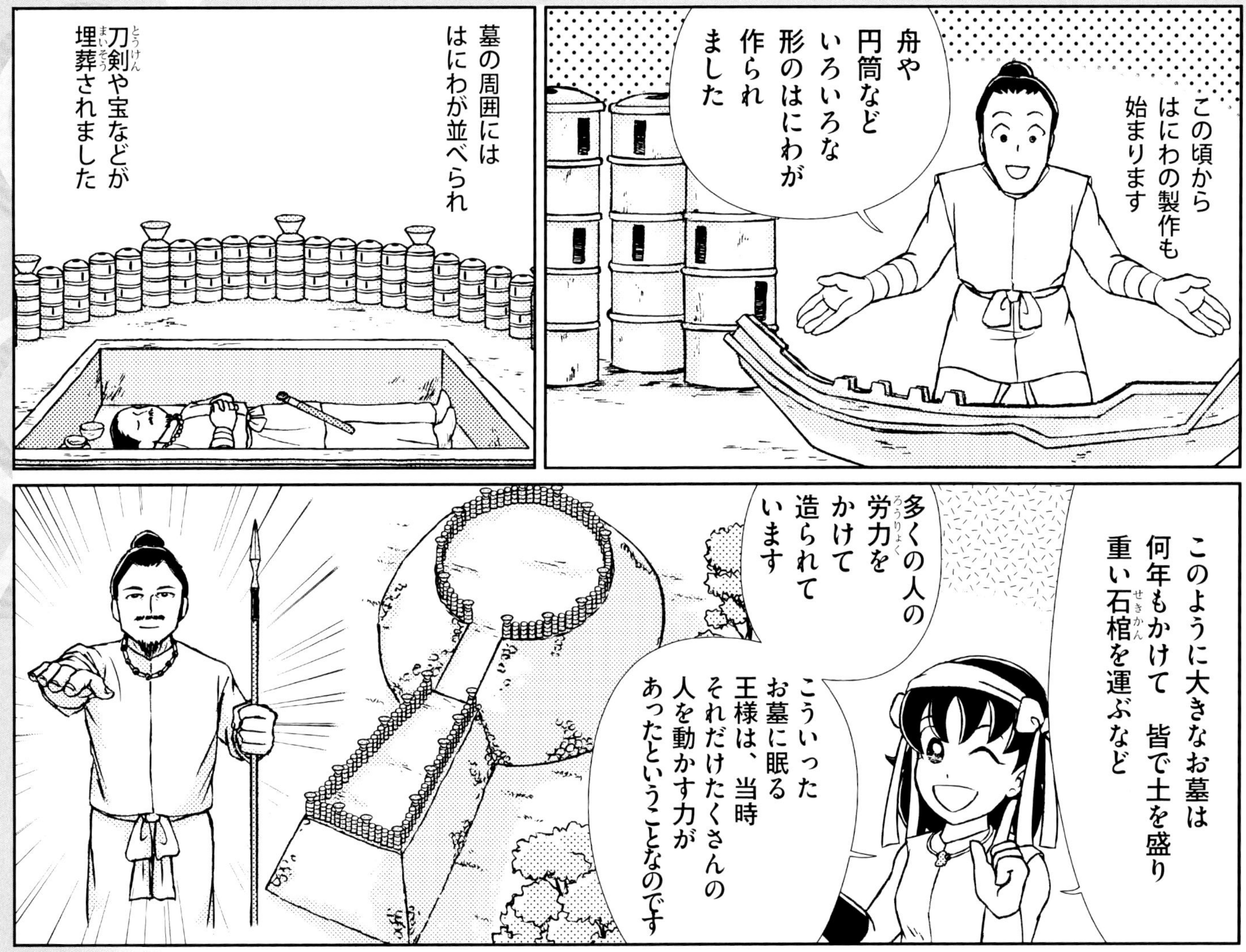
この頃からはにわの製作も始まります
舟や円筒などいろいろな形のはにわが作られました
墓の周囲にははにわが並べられ
刀剣《とうけん》や宝などが埋葬《まいそう》されました
このように大きなお墓は何年もかけて　皆で土を盛り重い石棺《せきかん》を運ぶなど
多くの人の労力《ろうりょく》をかけて造られています
こういったお墓に眠る王様は、当時それだけたくさんの人を動かす力があったということなのです

て、九一四日かかることになります。

また、実際には、冬季は雪で作業ができないために、五年はかかったのではないでしょうか。

円墳、方墳などさまざまな形が見られる
作《つくり》山《やま》古墳群（与謝野町）

全国でも珍しい女王の墓

大谷古墳（京丹後市大宮町）は竹野川《たけのがわ》を見下ろす丘の上にあります。ここからは女性の完全な人骨が見つかりました。石棺は小さく、小学生の子ども程度の大きさです。埋葬された女性は小柄な人だったのでしょうか？

勾玉《まがたま》や鉄剣など当時の貴重な品々が副葬品として埋葬されていたことから、高貴な女性の墓ではないかと考えられています。

大谷古墳から出土した女王の人骨

古墳に眠るのは？

奈良県奈良市に佐紀陵山《さきみささぎやま》古墳（二〇七m）という大きな古墳があります。これは、丹後で最大の網野《あみの》銚子山《ちょうしやま》古墳と相似形《そうじけい》（形がよく似ている）であることから、同じ設計ではないかと考えられています。古代の丹後と大和の間に密接な関係があったことがうかがえて、注目されています。

もしかしたら佐紀陵山《さきみささぎやま》古墳は丹後から垂《すい》仁《にん》天皇の后として嫁いだ日葉酢媛《ひばすひめ》の墓かも知れない、そして、網野《あみの》銚子山《ちょうしやま》古墳には日葉酢媛《ひばすひめ》の弟の朝廷別王《みかどわけのみこ》が眠っているのではないかと夢がふくらみます。

神明山《しんめいやま》古墳、網野《あみの》銚子山《ちょうしやま》古墳は、いずれも潟湖《せきこ》を見下ろす丘の上に築かれています。これらの古墳には、海外や他国との交流で国を豊かにした王を称えるかのような、数々の装飾品や鉄製品などが副葬されているかもしれません。

丹後三大古墳の大きさ比べ

● 網野銚子山古墳《あみのちょうしやま》
…全長約 198m

● 神明山古墳《しんめいやま》
…全長約 190m

● 蛭子山《えびすやま》１号墳
…全長約 145m

古墳が語る王の証《あか》し

丹後独自の円筒埴輪《えんとうはにわ》

弥生時代の墳墓には、ガラス玉や水晶の玉、鉄製品など貴重な品々が副葬されましたが、さらに古墳時代になると独自性のある埴輪《はにわ》が登場します。

網野銚子山古墳の丹後型円筒埴輪《はにわ》＝高さが93㎝もある大きな円筒形の埴輪《はにわ》で、頂部はすぼまり、穴が開いている。丹後で多く見られる独特の埴輪《はにわ》である。

円筒埴輪《はにわ》は、墓の聖域を示すために古墳の周囲に置かれます。丹後では独自の形をした「丹後型円筒埴輪《はにわ》」が、墳丘を取り囲むように並べられています。また、舟や家の形をした「形象埴輪《けいしょうはにわ》」も出土しました。舟の絵を描いた円筒埴輪《はにわ》もあり、当時の航海の様子がうかがえます。

作山《つくりやま》古墳群（与謝野町）

海を制した王の証《あか》し

古墳時代中期のニゴレ古墳（京丹後市弥栄町）には、舟形、甲冑形《かっちゅう》、椅子形、家形の形象埴輪《けいしょうはにわ》や鉄製の甲冑《かっちゅう》が出土しました。特に舟形埴輪《はにわ》は外海を航行できる準構造船を模したもので、実際に潟湖《せきこ》に入港していた舟をモデルにしたのではないでしょうか。

また、完全な形の鉄の甲冑《かっちゅう》は、海の覇者の姿を想像させます。

ニゴレ古墳（京丹後市弥栄町）出土の甲冑形埴輪《かっちゅうがたはにわ》（京都大学総合博物館所蔵）

王者の棺

五世紀になると、長持形石棺が登場します。丹後では、産土山《うぶすなやま》古墳、離湖《はなれこ》古墳など六基で確認されています。長持形石棺は、大阪の大仙古墳（仁徳天皇陵）などの畿内の巨大古墳に多く使用されていることから「王者の棺」と呼ばれています。丹後にもこの石棺が多く存在するということは、大和政権と強いつながりを持つ王族がいたと考えられます。

産土山《うぶすなやま》古墳の長持形石棺

豪華な副葬品に見る王の姿

湯舟坂《ゆふねざか》二号墳（京丹後市久美浜町）からは、黄金に輝く金銅装双龍環頭大刀《こんどうそうそうりゅうかんとうたち》が出土しました。長さが一二二㎝もある日本でも最大級の飾り大刀で、鍍金《ときん》（表面に金を定着させる方法）を行い、タガネで文様を彫るなど優れた彫金の技術を有していたことがわかります。また、双龍《そうりゅう》式の大刀《たち》の中でも一対の龍が表現されているものは現存するものとしては国内唯一で、貴重な副葬品です。

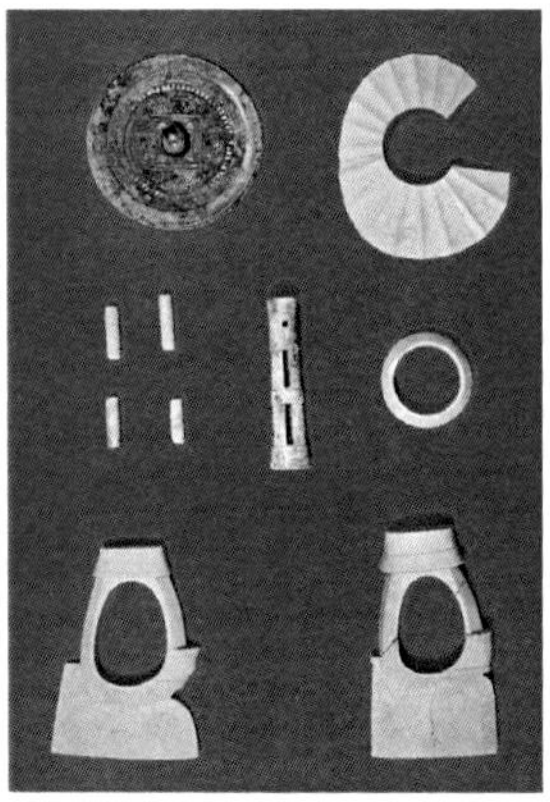

カジヤ古墳（京丹後市峰山町）出土の石製腕飾り類など

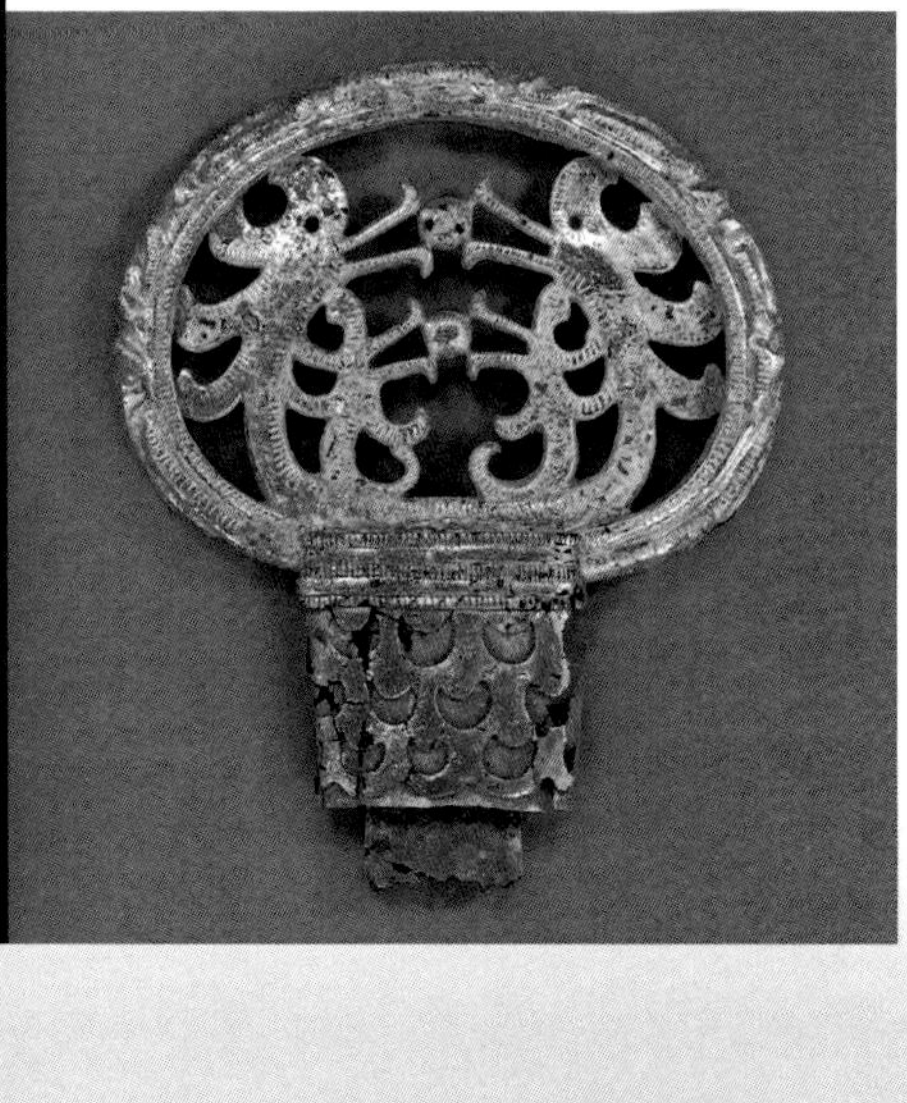

◀湯舟坂《ゆふねざか》二号墳（京丹後市久美浜町）から出土した黄金の大刀《たち》

▼同大刀《たち》、二頭の龍があしらわれた見事な彫金飾り

第4部

今に息づく丹後の宝

古代から製鉄やガラス、水晶の加工など、優れた技術を持つ丹後は、モノづくり王国でした。その技術とセンスは、やがて丹後ちりめんを生み出すこととなります。日本最大の絹の産地として、わが国の繊維産業を支えてきました。一方、舞鶴の赤レンガ建築は、明治以降の日本の近代化に大きく貢献しています。

日本海がもたらす海の幸や素晴らしい伝統を今に受け継いでいます。

また、海と山という豊かな自然に囲まれた立地は、観光名所としても素晴らしいところです。

ここからは今に息づく丹後の宝を紹介します。

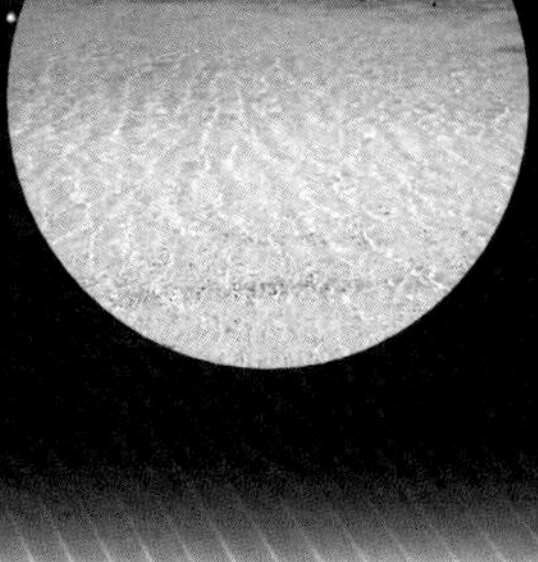

丹後は食の宝庫

グルメな縄文人

海に囲まれた日本列島では、縄文時代(約一万年前)から貝の採取や漁労を行い海の幸を享受しました。

丹後でも、浜詰《はまづめ》遺跡（京丹後市網野町）において、マグロ・タイ・フグ・クジラや、カキ・ハマグリなどが出土し、豊かな食生活が想像されます。

久美浜名物のカキ

弥栄町芋野から赤米五斗を納めたことを記した木簡《もっかん》〔奈良文化財研究所所蔵〕

木簡《もっかん》に見る海産物

奈良の都に運ばれた税金の荷札は木簡《もっかん》と呼ばれ、当時の特産物を知ることができます。丹後からは「伊和□」（イワシ）・「近代」（コノシロ）・「小堅魚」（カツオ）・「久己《コ》利《リ》」（カワハギ）・「鮭」（サケ）が運ばれています。

由良川は鮭が遡上する南限に当たり、奈良時代にも都に「鮮鮭」が貢納されていました。また、丹後では現在もカワハギが「コングリ」と呼ばれていますが、「久《ク》己《コ》利《リ》」の表記から、こうした名前が奈良時代に定着していたことがわかります。

現在も丹後名物のコノシロ寿司

伊根湾でクジラ漁

伊根湾（伊根町）では、古代からクジラ漁が始まり、大正期まで続けられていました。地区の古文書「鯨永代帳《くじらえいたいちょう》」によると、江戸時代初期の明暦二（一六五六）年から大正二（一九一三）年までの二五七年間に、ザトウクジラ、ナガスクジラ、セミクジラ計三五五頭を捕獲したことが記録されています。

クジラは食用にするだけでなく、油を採取して灯りなどに使用していました。当時としては貴重な油を、クジラから得ていたのですね。

丹後の捕鯨は、伊根湾にクジラを追い込み、湾口を網でふさいで逃げられなくして捕獲するという方法です。また、伊根湾に浮かぶ青島には鯨の墓も残されています。

伊根湾の鯨漁（大正期）

間人《たいざ》ガニ

ズワイガニ（松葉ガニなど、地域により呼び名は異なる）は、日本海の冬の味覚の王様です。丹後沖合にはカニの好漁場があり、間人《たいざ》漁港の底曳網《そこびきあみ》漁船は漁場から近く、その日のうちに水揚げされるため、とても新鮮です。間人《たいざ》漁港で扱われる「間人《たいざ》ガニ」はブランドガニとして高値で取り引きされています。

間人《たいざ》漁港に水揚げされた間人《たいざ》ガニ

日本海冬の味覚の王者、間人《たいざ》ガニ

日本の稲作発祥の神話
奈良の都に運ばれた丹後の米

奈良時代の木簡《もっかん》によると、丹後から「白米」「赤春米」「須米」「酒米」などが都に運ばれ、古代から米の産地であったことがわかります。

特に平城京《へいじょうきょう》内の造酒司という役所から米の木簡《もっかん》が多数出土し、大嘗祭《だいじょうさい》（天皇が即位する儀式）などの祭祀《さいし》に用いる酒との関係が考えられます。

丹後は現在も、米どころ、酒どころとして知られ、その伝統は古代までさかのぼります。

伊勢神宮の外宮《げぐう》に祀《まつ》られている豊受大《とようけのおお》神《かみ》は、もともとは丹後（丹波）におられました。食をつかさどる神として伊勢神宮に迎えられます。民間伝承として豊受大神《とようけのおおかみ》が丹後（丹波）にいるときに、最初に稲作を始めたのが、「月《つき》の輪田《わでん》」と伝えられています。

月《つき》の輪田《わでん》（京丹後市峰山町）

丹後コシヒカリ

丹後は日本海と山に囲まれた地形で、昼夜の気温差があります。それらによって粘りと甘味があるおいしい米ができるのです。この豊かな自然環境で育った丹後コシヒカリは、財団法人日本穀物検定協会が行っている食味官能試験において、『特A』（特に良好）という高い評価を得ています。

バラ寿司

丹後の郷土食に「バラ寿司」があります。これは「まつぶた」という木の器に寿司飯を敷き詰め、甘辛く煮つけたサバのおぼろや錦糸玉子、紅ショウガなどを彩《いろどり》よく盛り付けたもので、祭りや盆・正月などに出されるごちそうです。家庭によって味や具材が異なりますが、「ごっつぉう」と呼ばれ、切り分けていただきます。

バラ寿司は丹後の郷土食

羽衣伝承と丹後の酒づくり

米どころは酒どころと言われます。おいしい酒を造るにはいい米といい水が必要で、丹後にはその両方がそろっています。

丹後に伝わる羽衣伝承に出てくる天女は、酒づくりの名人でした。当時の酒は米を噛んで発酵させたそうです。その酒は万病に効くということで、天女を育てた和奈《わな》佐《さ》夫婦は、豊かになったと伝えられています。これが日本酒の始まりだと言われています。

酒づくりは複雑な工程に加えて厳しい温度管理やもろみの仕込みなど高度な技術が求められます。それらを管理し、各職人に指示を出すのが、杜氏《とうじ》です。

酒づくりは地域によってやり方が異なりますが、丹後には「丹後杜氏《とうじ》」の伝統が伝わり、丹後ならではの酒を造り出しています。

江戸時代、有数の酒造業として栄えた旧三上家住宅（重要文化財・宮津市）。
右の大釜で米を蒸した。その奥が麹室。見学ができる。

肉じゃが誕生物語

明治三四（一九〇一）年に日本海防衛の要《かなめ》である舞鶴鎮守府《ちんじゅふ》が開庁され、初代司令長官には後にロシアのバルチック艦隊と日本海海戦を行い、大勝利を収めた東郷《とうごう》平八郎《へいはちろう》が赴任しました。

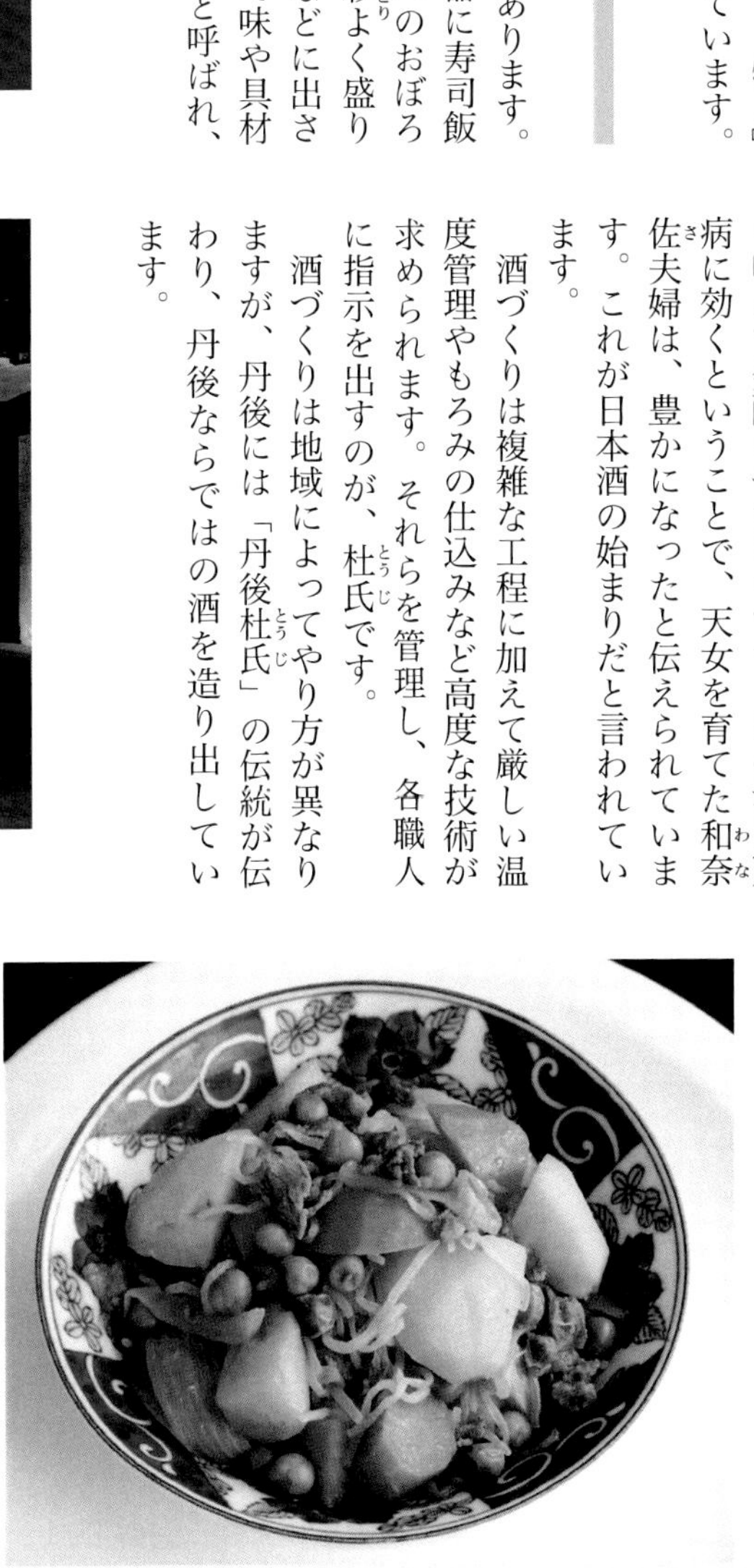

舞鶴が発祥の肉じゃが

東郷平八郎《とうごうへいはちろう》は、イギリスのポーツマスに留学していた際に食べたビーフシチューの味が忘れられず、日本へ帰国後、艦上食として作らせようとしました。

しかし、料理長はビーフシチューなど見たことがなく、おまけに西洋の調味料がなかったため、東郷の話から醤油と砂糖を使い作ったのが「肉じゃが」の始まりと言われています。

海上自衛隊第四術科学校には、旧日本海軍が調理の担当隊員を育成するために編さんした教科書『海軍厨業《ちゅうぎょう》管理教科書』が残っており、「肉じゃが」のレシピもそこに掲載されています。

きらびやかな丹後王国の暮らし
ファッション・アクセサリー

魏《ぎ》からの贈り物を身にまとう
卑弥呼《ひみこ》の姿（復元図）
〔大阪府立弥生文化博物館所蔵〕

縄文・弥生時代の服装

縄文時代の服装は、狩猟で食糧を得ていたため、獣の皮を身にまとっていたイメージが根強いですが、日本列島では、すでに大麻など麻の繊維で編んだ「編布《あんぎん》」が使われ、植物繊維の利用が早くから行われていました。

弥生時代になると糸を撚《よ》る紡錘車《ぼうすいしゃ》や織機が出現し、布を織るようになったと考えられています。また、北部九州では絹も利用され、大陸の影響を受けて衣文化が大きく進歩しました。

『魏志倭人伝《ぎしわじんでん》』によると、男子は「横幅（横に長い布）、ただ結束して相連ね、ほぼ縫うことなし」、女子は「単被《たんぴ》の如く（ワンピースのようなもの）、中央をうがち頭を貫きてこれを着る」とあります。これは「貫頭衣《かんとうい》」といって、布を筒のようにして頭を出したものだと思われます。

豪華なガラス玉の首飾り

卑弥呼《ひみこ》のファッションは、『魏志倭人伝《ぎしわじんでん》』などに基づいて、復元されています。景初《けいしょ》三（二三九）年に魏《ぎ》に使いを送った際に返礼品として受け取った布（紺地に三角の模様を織り込んだ紺地句文錦《こんじこうもんきん》）が多く記述され、「ハレ」の日には、当時の日本では珍しい豪華な絹織物をまとっていたと考えられます。

また、丹後の各地から多く出土するガラス玉などの頭飾りや首飾りを身に着けていた可能性もあり、同時期の赤坂今井墳墓から出土した豪華な頭飾りは、卑弥呼《ひみこ》のファッションを想像させます。

丹後の織物と絹

弥生時代の扇谷《おうぎだに》遺跡や途中ヶ丘遺跡（どちらも京丹後市峰山町）から、糸を撚《よ》る紡錘車《ぼうすいしゃ》の一部が出土しています。さらに、古殿《ふるどの》遺跡（京丹後市峰山町）では紡錘車《ぼうすいしゃ》のかせや糸枠が見つかり、早くから織物をしていたことがうかがえます。

丹後を代表する産業として丹後ちりめんが有名です。丹後と絹の関連が明確になるのは、奈良時代からです。

東大寺にある正倉院《しょうそういん》（奈良県）は、奈良・平安時代の宝物《ほうもつ》を収める建物で、奈良時代に丹後の弥栄町に住む車部鯨《くるまべのくじら》という人が朝廷に納めた「あしぎぬ」という古代の絹織物が残されています。あしぎぬは官人や僧侶の衣類に使われるもので、このころから、丹後では絹を生産していたことがわかります。

室町時代の書物『庭訓往来《ていきんおうらい》』には、丹後国の特産品として「丹後精好《せいごう》」という絹織物が記されています。精好《せいごう》は緻密に織られた絹織物のことで、貴族や武士、僧侶などのはかまに使用されたようです。

そして、江戸時代になると、峰山の絹屋《きぬや》佐平治《さへいじ》や加悦《かや》の手米屋小右衛門《てごめやこえもん》、三河内《みごち》（与謝野町）の山本屋佐兵衛《やまもとやさへえ》、後野《うしろの》（与謝野町）の木綿屋六右衛門《もめんやろくえもん》らが京都のちりめんの技法を改良し、ちりめん独特のシボの復元に成功しました。

丹後ちりめん

丹後を代表する産業―丹後ちりめん

丹後ちりめんは、享保《きょうほう》年間（江戸時代）に始まりました。丹後では室町時代から精《せい》好《ごう》織りが盛んでしたが、京都・西陣で「お召ちりめん」ができ、人気を奪われてしまいます。そこで、峰山に住む織物屋の絹屋《きぬや》佐平治《さへいじ》が、お召ちりめんのような表面にでこぼこのあるシボのある織り方を丹後にも広めようと西陣の機屋《はたや》に奉公に行きます。しかし、ちりめんのシボを作り出す糸繰《く》りや糸撚《よ》り、糸口の仕掛けなどは秘伝の技でなかなか教えてもらえません。

佐平治《さへいじ》は何度も失敗の末、信仰している禅定寺《ぜんじょうじ》の聖観《しょうかん》世音菩薩《ぜおんぼさつ》に願掛けをします。七日間断食をして祈ったところ、夢に聖観《しょうかん》世音菩薩《ぜおんぼさつ》が出てきて、「シボは車のなすところ、その加減《かげん》こそ秘事《ひじ》なれ、この故《ゆえ》にもっとも他見《たけん》をいむ」とのお告げがありました。これをヒントに、佐平治《さへいじ》はもう一度西陣に戻って、夢のお告げで聞いた糸を撚《よ》る車の仕組みを探り出します。

そして、ついに享保五（一七二〇）年に、ちりめんのシボの復元に成功しました。佐平治《さへいじ》は、その技術を丹後の織物業の仲間たちに教えに行きました。

佐平治《さへいじ》が織り出した丹後ちりめんは次第に人気を集め、貧しかった村を豊かにしました。佐平治《さへいじ》は藩にも功績を認められ、森田治郎兵衛と名乗るようになりました。

その後、明治、大正と時代の荒波にもまれながらも「丹後ちりめん」というブランドは育ち続け、昭和三〇年～四〇年代には生産高がピークを迎えます。現在は着物離れで生産量は減っていますが、着物好きの人の間では、高級反物《たんもの》として人気があります。

織物の神様を祀《まつ》る倭文《しどり》神社

天羽槌雄神《あめのはつちおのかみ》を祀《まつ》る神社で、全国に一八社あるとされています。丹後では与謝野町と舞鶴市にあり、『旧事本紀《くじほんぎ》』や『古語拾遺《こごしゅうい》』（いずれも歴史書）に「倭文遠祖、天羽槌雄神ヲシテ文布《あや》ヲ織ラシム」と記されるなど、古くから織物の神様として信仰を集めています。

倭文《しどり》神社（舞鶴市）

倭文《しどり》神社（与謝野町）

藤蔓《ふじづる》や植物の繊維で布を織る

丹後には「裂《さ》き織り」や「藤織り」という布が伝わっています。藤織りは藤蔓《ふじづる》の繊維を裂いたり叩いたりして糸のようにして織ったものです。

『万葉集』には「須磨《すま》の海人の塩焼衣の藤衣」「大君《おおきみ》の塩焼く海人の藤衣」などとあり、古代には各地で使われていたようです。しかし、木綿の普及に伴って消滅していきました。

丹後では近年まで世屋《せや》（宮津市）などで織られていました。現在は藤織り伝承交流館（宮津市）に展示されています。また、丹後藤織り保存会が発足、京都府無形民俗文化財に指定され藤織りの技術が現代に伝えられています。

一方、「裂《さ》き織り」は木綿の古着の布地を裂いて、麻糸や藤糸で織り上げた織物です。木綿の生産が少ない丹後では、大正時代まで使われていました。当時、木綿は貴重品で、江戸時代から明治時代に北前船《きたまえふね》により瀬戸内から運ばれた木綿が大切に再利用されたと考えられています。

藤布の反物

ここがポイント

平成二二年には、藤織り伝承交流館がオープンし、見学や体験ができます。地域振興やエコツーリズムの拠点として期待されています。

裂き織り着物

今も残る丹後王国の名残り

早くから航海術を駆使し、日本海を通じて出雲や九州、朝鮮半島や中国大陸と交流を深めていった丹後。

古代遺跡からは、鉄の工具や石の錐《きり》などの道具を使った水晶製玉作り工房や遠処《えんじょ》遺跡の製鉄工場の跡などが見つかり、丹後が高度な技術を持つものづくり王国だったことを物語っています。

その遺伝子を受け継ぐかのように、近代にも、新たな時代を代表する技術や建物が導入され、日本の近代化の一翼を担いました。

また、伊根の舟屋《ふなや》など、地域の暮らしと一体化した日本の原風景が今も残っており、「丹後は日本のふるさと!」というフレーズを実感することができます。

伊根の舟屋《ふなや》群（伊根町）

伊根の舟屋《ふなや》

伊根湾に沿って建ち並ぶ家々。その様子は、まるで海に家が浮かんでいるように見えます。舟屋《ふなや》と呼ばれるこの建物は、一階は舟を置くガレージとして、二階は居室などに利用されています。昭和三〇年以前の伝統的な建物も多く残り、起伏のある地形と、海と山、空の青の中に建ち並ぶ舟屋《ふなや》群の景観は、地域の特色を顕著に示していることから国の重要伝統的建造物群保存地区に選定されています。

南向きに開いた伊根湾は年間を通じて、波が穏やかであることと干満差が五〇cm程度という条件、さらには伊根の投げ節にある「伊根はよいとこ後ろは山で、前で鰤《ぶり》とる、鯨《くじら》とる」が示すように、湾内漁業が盛んだったことから、湾を取り囲むように建ち並んでいき、現在は約二三〇軒もの舟屋《ふなや》が軒を連ねています。

旧加悦《かや》鉄道の保線作業▶

人々の夢を乗せて走る加悦《かや》鉄道

大正一五（一九二六）年、丹後ちりめんを京阪神に運ぶために、また地域の交通の便を図るという目的もあって、加悦谷《かやだに》地方の八つの町村八二三名が出資した加悦《かや》鉄道が営業を開始しました。当時は蒸気機関車（二号機関車他）で、丹後山田駅から加悦《かや》駅までの間五・七kmを運行。昭和六〇（一九八五）年四月まで活躍しました。この二号機関車（英国Rt.Stephenson社製）は日本に現存する蒸気機関車のうち二番目に古いものです。

昭和一四（一九三九）年に大江山でニッケル鉱山が発掘されてからは、鉱山駅からニッケル鉱土の輸送にも使われました。

昭和二〇（一九四五）年の終戦後は、ニッケル鉱土の輸送が廃止され、また、次第に蒸気機関車からガソリン車、ディーゼル機関車に変わり、蒸気機関車は姿を消していきます。さらには、時代の変化に伴って人の移動や輸送手段が変わっていき、ついに昭和六〇（一九八五）年四月三〇日で加悦《かや》鉄道の六〇年の歴史は幕を閉じることになりました。

現在は、旧鉱山駅跡地に「加悦《かや》ＳＬ広場」を創設。駅舎を復元し、鉄道資料の保存と活用が図られています。平成一二（二〇〇〇）年には七両が産業考古学会の推薦産業遺産に認定。平成一五（二〇〇三）年一二月には旧加悦《かや》鉄道車両群一一両が町の文化財として指定されました。

かつては丹後の加悦谷《かやだに》の里を走行した二号機関車は「１２３号機関車」としては機関車台帳とともに国の重要文化財に指定されています。

▼旧加悦《かや》鉄道加悦《かや》駅舎

旧加悦《かや》鉄道２号機関車（重要文化財、加悦SL広場、与謝野町）▼

赤れんがパーク（舞鶴市）

近代日本の発展を支えた赤レンガ

江戸から明治へと時代が変わると、舞鶴は日本海側の国の重要な拠点として注目されるようになります。

明治三四（一九〇一）年、舞鶴鎮守府《ちんじゅふ》が設立され、旧日本海軍によって数多くの赤レンガ造りの倉庫が建てられました。同時に、舞鶴港は日本海側で初めて（日本国内で四番目）の軍港として開港。舞鶴には、兵器や軍需品などを収めるための一二棟の赤レンガの倉庫が残っています。これらの倉庫のうち八棟が国の重要文化財に指定されています。

そのうちのひとつ、明治三六（一九〇三）年に建てられた旧舞鶴海軍兵器廠魚形水雷庫は、本格的な鉄骨構造のレンガ建造物としては日本に現存する最古級のものです。現在は赤れんが博物館として活用され、ほかの倉庫も市政記念館や催事場などとして利用され、一帯は舞鶴赤れんがパークとして整備されています。

そのほかにも、舞鶴にはいたるところに赤レンガの姿が残っています。JR舞鶴線第四伊佐津川橋梁、第六伊佐津川橋梁、清道トンネルなどに赤レンガが使用されています。また市道北吸・桃山線北吸トンネルは、国の登録有形文化財に登録されています。

伊根の舟屋《ふなや》、蒸気機関車、赤レンガ……。

どれもどこかなつかしい日本の風景が、丹後にはあるのです。

資料館など一覧

	住　所	電　話	開　館	料　金	URL
京都府立 **丹後郷土資料館**	〒629-2234 京都府宮津市字国分小字天王山611-1	0772-27-0230	開館　9:00～16:30 休館　月曜、年末年始	大人200円 小人 50円	http://www.kyoto-be.ne.jp/tango-m/cms/
京丹後市立 **丹後古代の里資料館**	〒627-0228 京都府京丹後市丹後町宮108	0772-75-2431	開館　9:30～16:00 休館　火曜、年末年始	大人300円 小人150円	http://www.city.kyotango.kyoto.jp/museum/kodainosato/
豪商稲葉本家	〒629-3410 京都府京丹後市久美浜町3102	0772-82-2356	開館　9:00～16:00 休館　水曜	無料	http://www6.ocn.ne.jp/~inaba
与謝野町立 **古墳公園** **はにわ資料館**	〒629-2411 京都府与謝郡与謝野町字明石2341	0772-43-1992	開館　9:00～17:00 休館　月曜（12～2月は月火曜）、年末年始	大人300円 小人150円	http://www.town-yosano.jp/wwwg/section/detail.jsp?common_id=403
舞鶴市立 **赤れんが博物館**	〒625-0036 京都府舞鶴市字浜2011番地	0773-66-1095	開館　9:00～17:00 休館　年末年始	大人300円 学生150円	http://www.city.maizuru.kyoto.jp/modules/sangyoshinp/index.php?content_id=341
舞鶴引揚記念館	〒625-0133 京都府舞鶴市字平1584番地 引揚記念公園内	0773-68-0836	開館　9:00～17:00 休館　第３木曜、年末年始	大人300円 学生150円	http://m-hikiage-museum.jp/
旧三上家住宅	〒626-0014 宮津市字河原1850	0772-22-7529	開館　9:00～17:00 休館　年末年始	大人350円 小人250円	http://www.amanohashidate.jp/mikamike/
加悦《かや》SL広場	〒629-2422 京都府与謝郡与謝野町字滝941-2	0772-42-3186	開館　10:00～17:00 年中無休	大人300円 小人100円	http://www.kyt-net.jp/kayaslhiroba/
旧尾藤家住宅	〒629-2403 京都府与謝郡与謝野町字加悦1085	0772-43-1166	開館　9:00～17:00 休館　月曜、年末年始	大人200円 小人100円	http://www.yosano.or.jp/chirimen-kaido/?page_id=162

丹後王国 史跡マップ

1. 湯舟坂２号墳（68p）
2. 豪商稲葉本家
3. 岩船神社
4. 函石浜《はこいしはま》遺跡（60p）
5. 浜詰《はまづめ》遺跡（60p）
6. 島児《しまこ》神社（55p）
7. 離湖《はなれこ》古墳（68p）
8. 網野銚子山《あみのちょうしやま》古墳（66p）
9. 赤坂今井墳墓（64p）
10. 比沼麻奈為《ひぬまない》神社（58p）
11. 藤社《ふじこそ》神社（58p）
12. 産土山《うぶすなやま》古墳（68p）
13. 京丹後市立丹後古代の里資料館
14. 竹野神社（51p）
15. 神明山《しんめいやま》古墳（66p）
16. 黒部銚子山《くろべちょうしやま》古墳
17. 奈具《なぐ》神社（52p）
18. 奈具岡《なぐおか》遺跡（26p, 61p）
19. ニゴレ古墳（68p）
20. 遠處《えんじょ》遺跡（26p, 61p）
21. 大田南古墳群（20p, 60p）
22. 扇谷《おうぎだに》遺跡（62p）
23. 途中ヶ丘遺跡（72p）
24. 磯砂山《いさなごさん》（53p）
25. 大谷古墳（女王の丘）（67p）
26. 平《へい》遺跡（60p）
27. 浦嶋神社（54p）
28. 新井崎《にいざき》神社（50p）
29. 伊根の舟屋（74p）
30. 冠島《かんむりじま》（15p）
31. 沓島《くつじま》（15p）
32. 藤織り伝承交流館（73p）
33. 成相寺《なりあいじ》（50 p）
34. 籠《この》神社（3p, 25p, 57p）
35. 真名井《まない》神社（18p, 58p）
36. 傘松公園（50p）
37. 京都府立丹後郷土資料館
38. 天橋立《あまのはしだて》（50p）
39. 天橋立《あまのはしだて》ビューランド（50p）
40. 旧三上家住宅（71p）
41. 大風呂《おおぶろ》南墳墓群（7p, 64p）
42. 蔵ヶ崎遺跡（62p）
43. 蛭子山《えびすやま》１号墳・与謝野町立古墳公園（66p）
44. 倭文《しどり》神社（与謝野町 , 73p）
45. 加悦《かや》SL 広場（74p）
46. 大江山連峰（42p, 51p）
47. 笶原《やはら》神社（58p）
48. 倭文《しどり》神社（舞鶴市 , 73p）
49. 赤れんが博物館（75p）
50. 浦入《うらにゅう》遺跡（60p）